森信三

教師のための一日一語

寺田一清＝編

致知出版社

はじめに

「真理は現実の唯中にあり」――これは、哲人教育者・森信三先生の「学問観」の中核をなす一語であります。それゆえ、当然のことながら、自ら足を運び、脚下の現実を直視し、洞察し、打つ手を思考せられるというのが、先生の流儀であります。流儀というコトバが適当でなければ、真理探究の方法論であります。随いまして、森信三先生は、教育学者といわれるよりも、全国にわたる教育行脚の行者であり哲人という風格を兼ねそなえた方と思われます。

神戸大学教育学部の教授としての在籍は、七年間に及びましたが、その間にありましても、休日寸暇をさいて、乞われるままに、交通難の中でも教育行脚の旅を続けられました。

そして、国民教育にたずさわる方々より、ひそかに国民教育の師父と仰がれました。みずからは、自銘の句として「学者にあらず宗教者にあらず。はたまた教育者にあらず、ただ国民教育者の友としてこの世の生を終えん」と、心に秘めて念じられましたが、死後十数年たった今日、国民教育者の師父としての歴史的評価は今後ますます、定着するものと確信しております。

国民教育者の師父として

と申しますのも第一に、森信三先生の全著述のまとめは「全集」三十三巻に及んでおりますが、その内、教育に関する著述は、全集の七割を占めております。しかも、教育に関する学問的体系に関するものはその一部を占め、その殆どが、実践的真理の披瀝《ひれき》でありますす。第二に、先生ほど北は青森より南は鹿児島にいたるまで、山間僻地をおいといなく、教育現場をくまなく、歩みつづけられたお方はおられず、森先生のほかには国語教壇の師・芦田恵之助先生を数えるのみではなかろうかと思われるほどです。第三に、幾多の辛酸痛苦をみずから背負われ、それ故に、人間透察の大慈大悲の祈りは深くかつ広大でありました。かつて、私は次の一文に接し、それを記録に留めておきました。即ち「私の心の内には、つねに全国五〇万の国民教育者の姿の消えた時とてなく、随って私の喜びも悲しみも、常にそれらの人びとの喜びと悲しみと、その波長を等しうするといえましょう。随って、わたくしの発言と発表は、直接間接にそれらの無言の国民教育者の思念を、ある角度から代言するものでありたいと念じている次第です。」――

この一語に接し、先生の内なる「心願」の機微に触れる思いが、いたしました。正に慈父のごとき、真情の流露ではないかと感動せしめられました。

日本的哲学の継承者

つぎに、申しあげたいのは、日本的哲学の提唱者・継承者という点で、注目すべきではなかろうかと思います。森先生は、恩師西晋一郎先生の感化・影響をうけられ、日本の生んだ先哲偉人に対する恭敬ふかく、とりわけ、中江藤樹先生、石田梅岩先生、ならびに二宮尊徳先生を、つねに心中秘かに恭敬し、「現在生きて在ましたら」の志念を片時も忘れることなく、探求せられました。これが日本的哲学の代名としてやがて「全一学」の提唱となりました。

「生き方」宗の祖師として

次に、森信三先生の歴史的評価として、どうしても見のがし得ないのは、「生き方」宗の祖師ともいうべき面であります。ご承知の通り、先生の学問も教育も宗教も、すべて「人生二度なし」の哲理に発するものであります。

随って、本書も、「この二度とない人生を、教師として真実に生きる人々のために、一種の人生案内的なもの」、これが先生の心願でもあります。

いずれにしましても、森信三先生ならではの「慈言」にみちたこの「教師論」をくまなく提言できるのは、森信三先生を他にして誰一人おられないものと思われます。

以上本書のはじめにあたり、わが生涯の師森信三先生の歴史的評価の位置づけにつきその私見の一端を述べさせていただきました。

編者　寺田一清

一月

生を教育に求めて㈠

めぐりあい

坂村真民

めぐりあいの
ふしぎに
てをあわせよう

1日　人生の大観

　わたくしは、三十五才の頃に、「この人間の一生というものは、二度とこれをくり返すことができないものだ」ということを、しみじみ心の底から痛感せしめられたのであります。

　どうして人生の半ばを過ぎる年ごろになって、はじめてこの人生の根本的真理に目覚めたそのキッカケはと言えば、現世的栄達の希望が遮断せられることに即して、人生を大観するの明知が兆し始めたということでありましょう。

2日　人生の旅路の案内書

　人生がこのように二度とやり直すことのできないものだとしたならば、そこには一種の旅行案内ともいうべきものが必要ではないかと思うのであります。そこで、小・中学の先生たちのために、公生涯を主とした一種の人生案内みたいなものを書いてみたいと思うわけです。

　この二度とない人生を教師として生きつつある人々にとって、人生の旅路の一案内書としてひもといて頂けたらこれにまさる喜びはありません。

3日　人生の機縁

　現在教師をしている人々のすべてが、必ずしも私のように小さい頃から教師になろうと考えていた人々でないばかりか、そうした人々は、教師全体のうちでも、おそらく何分の一にも達しないのではないでしょうか。そこには運命的ともいうか、とにかく、自分の力を越えたものによって、作用し影響せられていると思われる処が多いのであります。

　結局は人生における機縁をどこまで深く生かすかという問題でしょうか。

4日　学生時代

　私は一つの大学に入った以上は、生涯の師として尊敬できるような教授を、最少限一人は見出さなければ、その大学に学んだ意味はないかと思うほどです。

　それといま一つ力説したいのは、学生時代に十分に読書の習慣を身につけておくことの必要であります。

　もしも、「現在わが国の教育界における最大の欠陥は何か」と問う人があるとしたら、私は即座に、「それは現場の先生たちが、あまり本を読まないことだ」とお答えすることでしょう。

5日　教生生活

教生になるまでは、「この世で小学校の教師にだけはなりたくない」などと考えていた学生が、わずか数週間の教生生活を経験することによって、「やはり自分は教師として生きることにしよう」と考え直すようになるのが大部分です。

ですから、「もし教生をやってみて、尚かつ教師になることがイヤなようだったら、そういう人は断乎他に転出するがよい。その方が本人のためはもとより、そもそも教育界そのもののためである」と申しています。

6日　初赴任

赴任する際、その任地がどのような僻地であるにしても、少なくとも奉職後三年間は、その学校を動かぬ決心をもって赴任する必要があると思います。これは昔から「石の上にも三年」という諺もあるように、社会生活における人間の基礎は、だいたい最初の三年間で築かれるものだからであります。

自分にとっての初赴任校が、自宅から通勤できないということは、それによって、初めて社会的に一本立ちするための第一歩だともいえるわけです。

7日　受け持ちの子ら

私などの経験からみましても、最初の学校で教えた子供たちが、爾来四十余年の歳月を経過した今日でも、一番親しい関係にあるといえますが、このことはひとり私だけの経験ではなくて、教師生活をしているほとんどの人が、やはり同様の感想をもらしている処から見ますと、これは一つの動かない現実の真理といってよいかと思います。

8日　授業その他の指導を仰ぐ

なお初赴任について申しておきたいことの一つとして、できたら校長に申し出て、授業その他の点で指導して頂くような先生を推薦して貰うということです。ふつうの場合には、学年主任がそれに該当する場合が多いかと思いますが、とにかく気軽に指導案の書き方の指導をうけたり、またときには授業を見て指導して貰うがよいと思います。

9日　最初の三年間

いやしくも将来教師として、ひとかどの生き方をしようとする以上、最初の三年間をどのように生きるかは、その人にとってほとんど決定的な意義をもつとは、ほとんど不動の真理といってよいと思います。ではその三年間の基礎時代に、われわれ教師は一体どのような生き方をしたらよいでしょうか。それを大別するとこうなります。

㈠教材に関する問題
㈡授業の仕方に関する問題
㈢生活指導と学級経営のこと

10日　学級経営

教師として学級経営について一番大事なことは何かというに、それはいうまでもなく、自分の受け持ちの子どもたちの心をつかむことだといえましょう。そしてそれには、何といっても子どもたちが、自分の考えていることを、何の遠慮もなく、自由に話せるようにさせることだといえましょう。そのためには、まず教師自身がその根本において、自分も子どもも、共にひとしく一人の人間であるという自覚に立って、子どもたちに接することが、一切の基盤だろうと思います。

11日 研究授業

若い人々は、最初の三年間ぐらいは、研究授業とか批評授業と呼ばれるような行事は、自ら進んで買って出るくらいにして、なるべく多くの場数を踏んで、これに馴れる必要があるということです。即ち自分の授業を大勢の人々から見られても、あがらぬようになるということが必要なわけです。そのためには平生からその心がけで、校長とか学年主任とか、教科主任などという人々に、単独で見てもらって、指導を受けるようにするのが、一番の早道だといえましょう。

12日 教師集団の人間関係

官公庁や会社などでは、仕事の運営そのものからくる整然とした上下の階層的順序が保たれているわけです。ところが学校集団を見ますと、なるほど校長と教頭とは一般の先生たちに比べれば、一応上位にあるともいえますが、一般の先生たちは、同格の学級担任者として、その間に仕事の上からくる上下階層というものは、一応見られないと言ってよいようです。少なくとも自分の担任学級に対しては、すべての教師は、それぞれ一国一城の主だといってよいかと思います。

13日　同僚関係

私たち教師が、その同僚間における人間関係の上で一番問題となるのは、結局嫉妬の情念だと思うのですが、このように嫉妬に悩まされるということは、その人の生き方や考え方が、まったく自己中心的であって、「自分の学級さえよければよい」とか、さらには、「自分さえよければよい」という考えが、支配的な処から起こる現象だともいえましょう。

結局は、その学級の先生たちのすべてが、教育そのものを根本として考えるようになる外ないでしょう。

14日　美点長所の認識

「すべて卓れたものに対して、虚心にその卓越性を認めえないのは、自分の心性が卑少なことの何よりの証拠である」

○

われわれは、この人間情念の世界における普遍的法則を忘れずに、しばしばこれを思い起すがよいと思います。

言いかえますと、もし同じ職場の中で、互いに心の通うような同性の同志を見だすことができるとしたら、それはこの世における一つの大きな恵みであり、祝福だといってよいかと思います。

15日 読書は心の栄養

私たちが自分の内的生命を、つねに打てばひびくような溌溂たる状態に保たんがためには、どうしても読書による外ないのであります。少なくとも読書は、そのための最も便利な方法だと言ってよいでしょう。

即ち人間は、少なくともわれわれ教師の場合には、その人が書物を読まなくなったら、もうその人は、精神的にはすでに死んだ人と見なしてもよいということです。

16日 読書の秘訣

若い先生たちには、何よりもまず躰をひっさげて書物にぶつかって頂きたいと思うのであります。それには何といっても、自分の読みたくてたまらぬと思う書物を、一気に読むというやり方が、一番身につくのではないかと思います。

かくして読書の秘訣は、自分がどうしても読みたくて読みたくてたまらぬという書物を探し出し、これを突き止める以外にないと考えるのであります。

17日　書物選択の秘訣

読書の秘訣といっても、結局は書物を選択する「眼力」を養い、これを築き上げ、鍛え上げる外にないと思います。そうした場合の心得ともいうべきものを、私の永い読書の経験から帰結しますと、どこか二三ケ処開いてみて、一ページに一ケ処くらい心にひびく処のないような書物は、「われわれにとって無縁の書」と決めても、大した間違いはない。もし、心にひびく箇所が三ケ所以上ある書物だったら、直ちに一冊を求めて一気に読破するに値しようと思います。

18日　購書の参考条件

㈠原則として一度に二冊以上買わぬ。
㈡全集本や講座本は、原則として個人として求めないこと。
㈢有名な古典や大河小説はなるべく若い間に読んでおくこと。
㈣つとめて社会科学的な書物も読んで、自分なりに一応の見解をもつこと。
㈤大学卒業後十年間は、少なくとも月に単行本を三冊以上は読むこと。
㈥校長及び女教師でも、最低月に一冊以上読まねば、その職の資格はあるまい。

19日　教師たるもの

われわれ教師たるものの第一のつとめは、何としてもわが教え子たちの幸福をねがい、そのために、多少なりとも役立つような事を、わが教え子のために尽してやることだという一点においては、いかなる人も根本的には異論はないといってよいでしょう。しかも自分の教え子の、その生命を素直にかつ正しく伸ばしてやることだとも言えましょう。そしてゆくゆくは、そうした障害を取り除けるような実力を身につけさすことだとも言えましょう。

20日　子どもらの作文

われわれ教師は、わが受け持つ子らの心の動きについて、よく洞察しうるようでなくてはなりますまい。そしてそのために、有力な手掛りともいうべきものは、何といっても子どもたちの書く作文だと言えましょう。けだしそこには、かれらの喜びと悲しみ、さらにはわれらを取り巻く両親や祖父母、さらにその兄弟姉妹にいたるまで、まるでパノラマのように、われわれ教師の心の鏡面上に浮び上ってくるといえましょう。

21日 父兄の協力

たとえ教師が、つねに受け持ちの子らを思い、心からかれらを愛していたとしても、もしそれが父兄の心に通じる具体的な通路がひらかれてなかったとしたら、父兄はけっして十分に心の扉を開いてはくれないでしょう。教師の子どもたちへの愛情が、真にその親たちに分るようになる秘儀としては、結局私は、これを持続的努力ということばによって表現する以外にその途を知りません。

22日 事務の煩雑化

そもそも、戦後は中学の先生たちの上に課せられている雑務の量は、これを概算的に見て、戦前の約三倍に近いといってよいでしょう。何ゆえ戦後の教育界には、このような事務の煩雑化が招来せられたかを考えるとき、その一つは、地方教育委員会制度の設置であり、今一つの大きな原因としては、戦後わが国の民主主義のために、とかく色々な会合が多くなり、そのために時間をとられることが、戦前の幾倍にも達しているという現象であります。

23日

事務的な仕事の処理

私は学校における教師の事務的な負担は、全エネルギーの大体八パーセント内外に留めるのが望ましく、残りの九二パーセントは、とうぜん専業としての教育のために割かれるのが本当だと思います。しかしながら、今後この問題が容易に解決せられそうもないとしたら、事務的な仕事の処理を、いわゆる雑務と称する考えを一てきして、これを正しく処理するを以って、それ自身一ケの人間的修練だと考えることであります。

24日

拙速主義

事務処理の第一秘訣としては、結局ある意味での拙速主義が大切ではないかと思うものであります。即ち完璧を期して期日を遅らすよりも、八〇点程度の出来ばえでよいから、とにかく所定の期日内には、必ず完成して提出するということであります。随って、自分に課せられた一切の事務的な仕事に対して、その提出期日を遅らさぬという一事が、真に厳守できる人があったとしたら、私はそうした人に対して、多大の尊敬を払うにやぶさかではありません。

25日　実践記録

人間を相手とする仕事のうちでも人の子を教え育てる教育ほど、興味深々たる仕事は、容易に外に見られぬとも言えるのではないでしょうか。

ところで、私は現場の実践人の研究としては、ひとり到達した結論のみでなく、むしろそれへの歩みというか、プロセスの記録の方がより大切であり、意義が深いと考えるものであります。極言すれば、その研究が、いまだ記録を残すまでに至ってない程度のものは、真の意味での研究とは言いえないのではないかと思います。

26日　人生の分岐点

われわれ教師は、卒業後、五・六年辺に、一つの重大な危機があると思うのであります。もしその人が、この二度とくり返すことのできない人生を真摯に生きようとするなら、当然ぶつからざるを得ない人生の分岐点だといってよく、即ちそれはもしその人にしていやしくも将来多少とも為すところあろうとする以上、どうしても越えなければならぬ一つの重大な危機であり、分岐点だといってよいでしょう。

27日　求道上の三大難関

ここで「求道上の三大難関」と呼ぶもののうち、その最初の関門に当るのは、卒業後五・六年辺の線と考えるものです。では次にくる第二期の関門ともいうべきものは、大たい三十代の後半から、四十才へかけての一線において考えたいのであります。この時期に自己のマンネリズム化の壁を突き抜けるということは、必ずしも容易なことではないと言えましょう。最後に、第三の関門についてですが、私はそれを、四十代の後半にあると考えるものであります。

28日　人生の師

この二度とない人生において、ともすれば眠り込みがちな私たちの魂をゆり動かし、目覚めさせてくれる「人生の師」ともいえる「巨大なる魂」に巡り合うことによって、私たちはともすればマンネリズムの洞窟の中で、眠り呆けようとする自己を叱咤され、さらに勇を鼓して、この人生の険峻を登破し超克しようとする生命の弾力を呼びさまされるのでありまして、こうしたことは、単に自分ひとりの力だけでは、出来ないことだと言ってよいようであります。

29日 第二の関門の「回生」

三十代の後半における第二の関門の深さが、やがてその人をして、人生の第三の関門を越えしめるか否かを決するとも言えましょう。

人が第三の関門と真に取り組むか否かは、その人の通過した第二の関門の如何によることであって、もしその人の通過した第二の関門が、「回心」とか「回生」の名によって呼ばれるような生命の根本的転回でなかったら、そのような人は、とうてい本格的に「第三の関門」と取り組むことはできないといえましょう。

30日 芦田恵之助先生

これまで自己の歩んできた途が、自分には一応のつみ重ねでもあるかに考えてきたものが、それが、ガラガラと音立てて崩れ去ってゆくような深刻な体験の、一つの典型的なものを、芦田恵之助先生が、四十にして岡田虎二郎先生に接した時において、見ることができます。

ここに芦田先生の人生の第二の関門はあったわけで、古今の偉大な人々について考えてみましても、人間の根本的な生命の回生は、大たい三十代の半ばから四十へかけて行われるようであります。

31日

今一つの巨きな関門

人によっては五十代の後半から六十才前後にかけて、今一つの巨きな関門のありうることを信じて疑わぬものであります。即ち歴史に残るような偉業を為した巨人の多くは、このように五十代の後半から六十にかけて、さらに一段の生命の飛躍を敢行した人々だといってよいでしょう。

かの西田幾多郎先生が、その著述の七割前後を、六十歳の停年以後に書かれたということは、この難関を突破せられた実証とも言うべきものでありましょう。

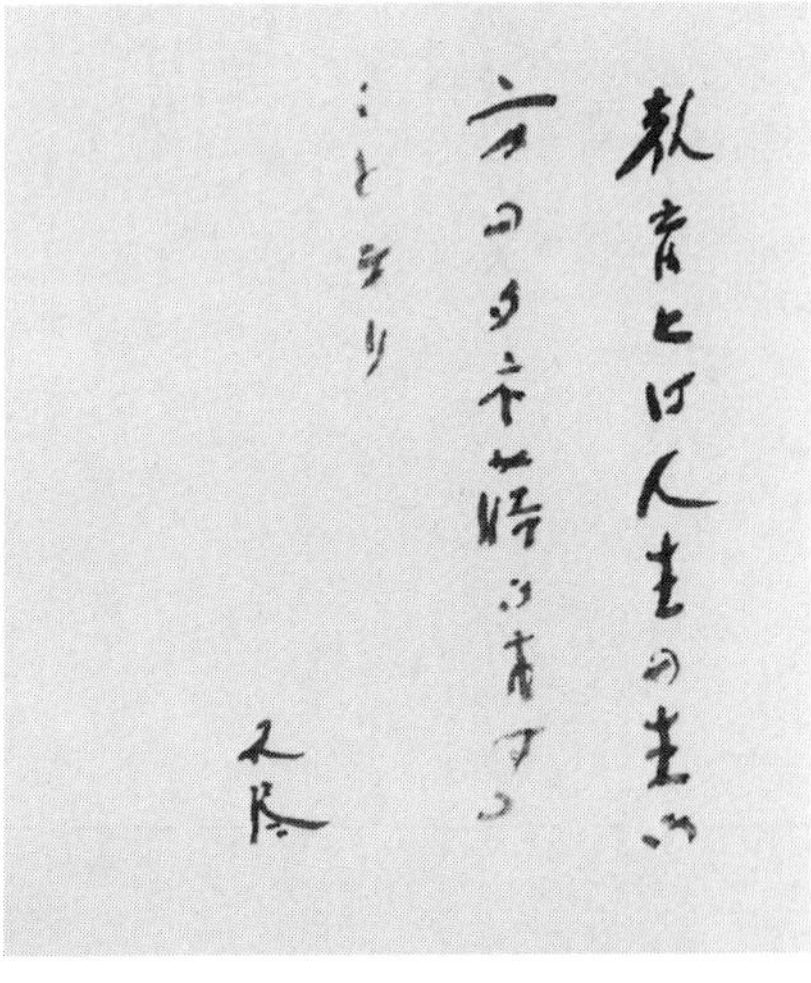

教育とは人生の生き方のタネ蒔きをすることなり　不尽

詩集「旅人」より

わが机辺《きへん》に錦石三個つね置けり
書に倦《う》みし身の慰めにとて

○

「教育妙妙人」この言の葉のまさしくも
応《ふさわ》しとおもふ斯《こ》の人にして

○

みちのくに斯《こ》の人ありと頼めりし
君逝きまして寂《さみ》しきろかも

二月

生を教育に求めて㈡

ひとりひそかに

坂村真民

深海の真珠のように
ひとり　ひそかに
じぶんを　つくってゆこう

1日　恋愛と結婚

第一の関門たる二十代後半の関門は、自己確立への希求という点からだいじだというばかりでなく、さらに恋愛とか結婚という面でも非常に大切な意味を持つ時期だと言えます。われわれ教師の生活もこの二十代の後半における公私両面の二大関門を、何とか越えなければ、真の軌道には乗らないと言えましょう。

言うなれば人生への情熱と、恋愛への情熱との間に働く生命の根源的エネルギーは、ともに一種の憧憬という点において一脈の相通うものがあります。

2日　教師の経済生活

そもそも経済問題の重大さを考える人だったら、まず結婚におけるその相手のえらび方の上にも、この点が大きく取り上げられるはずだからであります。即ち色々な候補者のうちから選ぶ場合にも、まず経済的にしまりのある人が、同時に人間としてもしまりのある人だということが、深く考慮せられなければならぬと思います。少なくとも経済問題に対しては、そうした根本態度の確立こそが、何ものにもまさって必要だということを力説したいのであります。

3日　自分の家づくり

わが家をつがない次男三男の人々は、なるべく三十代の後半から四十代の前半にかけて、たとえ小さくともよいから、とにかく自分の家だけは作っておく必要があります。

それは、時々見聞するように、退職後、その退職金によって家を作るというような、馬鹿げたことをしないためであります。戦後の今日では、退職後の生活は、恩給だけでは不十分であって、今ひとつの経済的な支柱として、手附かずの状態で確保しておく必要があるからです。

4日　わたくしの健康法㈠

現在私自身がやっている健康法について申してみたいと思います。

その第一は、つねに腰骨を立てて曲げないようにし、かつ成るべくつねに下腹の力をできるだけ抜かないようにしているということです。この姿勢は、われわれ人間を主体的にする上に、もっとも具体的かつ根本的な方途であると共に、さらに確実な道だと考えるものです。

随って、これは単なる健康法という程度のものでないことは明らかであります。

5日　わたくしの健康法(二)

次に私のしている健康法は、それは無枕安眠法、即ち枕無しで眠るということです。処でその効果ですが、第一には、俗にケンビキという背中の肩胛骨《けんこうこつ》の内がわの辺がぜんぜん凝らなくなったということです。その上、いよいよ眠りにつくさいに、まるで母なる大地に身を委すというような、心からの大安心のうちに眠りに入ることができるという点で、何ともいえない宗教的な感じです。しかもそれをじかに感じることができる喜びは、じっさい得もいわれぬ楽しみです。

6日　わたくしの健康法(三)

次には入浴法について述べてみましょう。さてその要領はというに、それは「乳から上はお湯に漬けない」という只それだけのことです。つまり半身をお湯から出して入浴するというわけです。そのさい気をつけなければならぬことは、お湯から出している上半身は、お湯から上る前に全身を洗うまでは、絶対に湯でぬらしてはいけないということです。さてどこがよいかと申しますと、何よりも入浴によって躰が疲れないという特徴があるようです。

7日 わたくしの健康法㈣

私が食事について守っていることは、「飯菜交互咀嚼法」とでも名づくべきものかと思います。それは先ずご飯から先にハシをつけると共に、そのご飯が呑み込み終るまでは絶対に菜は口にせず、次にまた菜を口に入れたら、その菜を呑み込み終るまでは、ご飯は絶対に口にしないというふうに、つまりご飯とお菜とを別々に、しかも交互に食べて、絶対に両者を口で一しょにしないという食べ方なのです。

8日 趣味と娯楽

教職という仕事そのものに没頭して、そこに悠々たる一天地の見出せる人は、もちろん羨ましい限りと思いますが、しかし現職以外のわずかな時間を利用して、自分の好きな趣味とか娯楽の一つ二つをたしなむということも、ある種の心のゆとりが与えられて、好ましいことだとも言えましょう。しかしマージャンはいうまでもありませんが、碁や将棋というような勝負事に関するものは、なるべく学校には置かないことが望ましいと思います。

9日 「石」の趣味

私という人間は、結局自分の職業以外に楽しみを求めることを知らぬ朴念仁ということになりそうです。しかしもし強いて一つの例外を求めるとしたら、それは「石」が好きだということにでもなりましょうか。

　最近私が、明治維新以後の日本人のうちで、一ばん好きになりつつあるのが田中正造翁です。翁も何ひとつ趣味娯楽の類の楽しみはなかったようですが、そうした翁にもたった一つ「石」だけは、その唯一の道楽だったということです。

10日 酒・女・金

一たい人間のしまりの程度を計るに便利な物さしは何かと考えてみますと、それは結局、酒と女と金ということになりそうです。処でまず酒の問題ですが、根本において、酒宴の席は一つの社交的な儀礼の席だということを、深く心に刻んで忘れぬということでしょう。いかに酒に強い人でも、ある限度を超えますと結局は乱れ出すようで、自分の乱れ出す境界線の約二割手前というものをよく心得ていることが、一ばん大切なことだと言えましょう。

11日 「女」の問題

そもそも「女」の問題で事を起こすというのは、一種の支配欲の変型といってよいかと思います。ですから女のことで問題を起こす人のうちには、いわゆる「やり手」といわれるような人が、比較的多いように思われます。しかしそういう人は、一見非常に支配的ではありますが、しかし人間的にはどこか甘い処のある場合が多いようであります。けれども厳密に申したら、女の問題で真に大丈夫といいうる男性は、まずは絶無といってよいではないでしょうか。

12日 「金」の問題

酒の方はある程度人が大目に見てくれるという点もありますが、女と金の問題のつまづきに対しては——世間はけっして寛大ではないようです。

端的に申せば、公金は絶対に私的に融通しないことです。そこで公金またはそれに準ずる金銭は、現金のままで手許におかないで、集まっただけづつ郵便局なり学校の金庫なりにあずけることが、最小限の鉄則といえましょう。さらに、平生親しくしている人からはなるべく金の貸し借りのないように——です。

13日　「学校づくり」の原動力

とにかく一つの学校に、考え方を同じうする人が三人できたとしたら、そしてそれら三人の者が互いに心を合せて、何とかして自分たちの学校に一つの動きを起こそうと努力したら、それは必ずや成功するといってよいでしょう。

また、学校づくりに当って校長として一ばんやり易くて有難いのは、若手の中堅級の中でしっかりした人三、四人が、心を合せて積極的に音頭《おんど》を取り出してくれることであります。

14日　「縁の下の力もち」

学校づくりへの努力において最も重要なのは、結局、最初の幹部固めというものが正しく行われるか否かということに、一番の重点があるといってよいでしょう。そして、その際とくに大事なことは、自分はつねに「縁の下の力もち」的な役割に甘んずるという覚悟だといえましょう。

要するに華やかな役割はなるべく他人にゆずって、一向に目立たない仕事の方に廻るということであります。

15日 三種の人生苦

われわれ人間というものは、あらかじめ人生の不幸とか苦悩についてある程度の予備知識をもっていることが必要だともいえましょう。私は大別して三種くらいに、分けることができるかと考えます。

先ず第一にいわゆる家庭苦と呼ばれるもので、妻子に先だたれるとか、長期の病人とか、不具の子をかかえ込む人々の苦悩などです。第二には職業上からくる悩みであり、第三は、身体上の苦悩すなわち病苦というものでしょう。

16日 魂の「開眼」

人生の苦悩というものは、もしこれを正しく受け取るとしたら、これを機としてわれわれの魂は、はじめて真の開眼がえられるものです。

開眼とは、われわれの生命が根本的に甦えるということです。それはどういう事かというに、これまで物事をすべて自己本位の立場から考えてきたのに対して、そうした人生体験を境として、それ以後は物事をできるだけ相手の立場に立って考えるとか、第三の立場に立って見直すようになることだと言えましょう。

17日　人生の重荷

われわれとしては、もろもろの苦悩は、いたずらにこれを回避しようとあがかないで、むしろ自らが負うべき人生の重荷として、正面からまともに受け止めてゆくということこそ、最も正しく本格的な態度と思います。

同時にもしこのような態度を持続することがほぼ三年ぐらいに及ぶとしたら、よしそれがいかに忍び難く堪え難いと思われた苦悩であったとしても、いつしかそこには、一脈の微光が射しそめるようであります。

18日　現実こそ「生」の基盤

けだし現実こそは一切の人間的「生」の基盤であって、この基盤より遊離する限り、宗教も社会主義も共に真実のものとはなりえないと言えましょう。私には、人間的現実を内と外との両極的立場から把握しようとしているこれら二種の真理は、われわれの現実の実践を介して、無限に切り結ばれてゆくものです。つまり親鸞における「念仏」も、現実のギリギリまで追いつめられた貧しい関東の農民たちにとっては、この世におけるただ一つの「救い」だったわけであります。

19日　卒業生の指導

われわれ学校教師をしているものは、単に教室で教えているだけが教育だというような考えを越えて、教室で教えている期間というものは、むしろ真の教育の種子蒔き時代ともいうべく、真の生きた教育は、むしろ卒業後の指導、否、卒業生との人間的な交わりにあるというべきでしょう。ですから卒業生からの年賀状は、最も貴重なものだともいえましょう。ですから、この一ばん大事な年賀状だけは返事を怠ることのないようにしたいものです。

20日　僻地の教育

とにかく僻地の教育に従事するようになった場合には、これこそ自分の教師としての人間革命のための唯一の場所として、自分のこれ迄の考え方を百八十度転回せしめて、そうした恵まれない僻地の子らとその父兄とのために、尽して頂きたいと希わずにはいられません。そのときその地は、その人の教育者としての生涯において、最も思い出深き地となることは、ほとんど例外がないといってよいでしょう。

21日 同和教育・特殊教育

そもそも私が、一般に恵まれない子らの教育に対して関心を抱くようになったのは、ひとえに京都在住の福田武雄夫妻のおかげと申さねばなりません。ご主人の武雄氏は、教育者としての生涯の大部分を同和教育のために捧げてこられ、またその夫人の与《あたえ》さんは、その全教育生涯を、ほとんど京都の盲学校に勤めあげられた稀に見る奇篤な方であります。

恵まれない子らのために、全力を傾けて生きるということはまことに意義ある生涯の一環と申してよいでしょう。

22日 家庭苦の問題

いやしくも人間生涯の存する処、何処にだって家庭苦のない処はあるまいと思います。同時にそうした根本認識の腰がすわりますと、そのような家庭苦の重圧に打ちひしがれないばかりか、むしろそれに堪えてゆく力は、教育そのものについて、当面している苦難を打開してゆく力ともなることでしょう。かの国語の教壇行脚において全国的偉業をのこされた芦田恵之助先生も、またわたくし自身を省りみましてもその重圧のお陰であります。

23日 教頭職

そもそも教頭職ほど己れを空しうして勤めねばならぬ立場は、教育者の全生涯のうちにも、外にはあるまいと考えるものであります。即ち教頭職とは、教師が一校の主宰者たる校長の重責につく前に、いわばその為の予備的訓練として、一度完全な自己否定の修練を為さしめられる期間だといってよいでしょう。

しかるに、世の多くの教頭職にある人々は、まるで校長と部下の職員との調停役だくらいに考えている人が、意外に多いのは問題であります。

24日 指導主事

私は自ら指導主事になりたがっている人は、指導主事の職につくことは、よほど警戒を要するのではないかと思います。しかし指導主事となることによって、一流の名校長といわれるような人々の真骨頂を知ることができると共に、さらにまた広く管轄下における人材の分布状態をも知ることができるわけであります。そして現場の先生たちの中から優秀な人々を発見すると共に、優秀な人々同士を、できるだけ結びつけるような努力をする点にあろうかと思います。

25日　はじめて校長に

一校主宰の重責を負う校長としては、内に部下の職員を知ることと、学区の特性を知ることとは、校長にとってはまさにその二大任務といってよく、同時にこれは時間的にもほぼ平行して行わるべきものと思います。

すべて重要な職責につくということは、ある意味ではそれを通して自己の人間革命を推進するゆえんであり、又じつに自己の人間変革を断行するのでなければ、そうした重大な職責を勤め通すことは出来ないでありましょう。

26日　「人事の三大原則」

校長としての部下に対する人事については、次のような三ケ条を原則として考えているものであります。それは、

一、去る者は追わず
二、迎えるには絶対厳選
三、原則としては本人の意志に反して転任せしめない

という三ケ条でありまして、ここに「原則として」という但し書きをつけてあるのは、現実にはもちろん例外もありうることを意味するわけであります。

27日 校長としての資格

校長としてとるべき根本的な態度についても、次の三つを挙げてみたいと思います。それは、

一、一校に長たるものは肚が第一

二、校長たる以上は部下の指導ができねばならぬ

三、校長はつねに部下の栄進について配慮する処がなくてはならぬ

この内「第一の肚」とは、部下の失策については、自分が代ってこれをかぶってやるだけの肚というか侠気が必要であるといってよいでしょう。

28日 退職

退職ということは、われわれ教師にとっては、いわば公生涯の「死」に外ならないのであります。退職後の寂寥《せきりょう》と悲愁《ひしゅう》については、すでにこれを先輩諸士の上につぶさに見ているわけであります。そして、それはやがて又わが身自身の上にもその到来の不可避性は、まったく一人の例外もない絶対的事実だといってよいわけであります。

われわれ教師も就任した以上、必ず退くべき時のくるのは不可避の鉄則だということであります。

29日

教育者の晩年

都会地における退職教師の一部の人々が「巷の学習塾主」になるということは、考えようによっては、そのかみ石田梅岩先生のされたことの現代における一変形といってよいと思います。それはちょうど田毎の月が、それぞれに大空の月影を宿すように、かって民族における庶民教育の創始者であったあの偉大なる魂を、生涯教育の道に生きた人々が、それぞれ縁に応じてその晩年を巷において生かすかすかなる営みといってよいからであります。

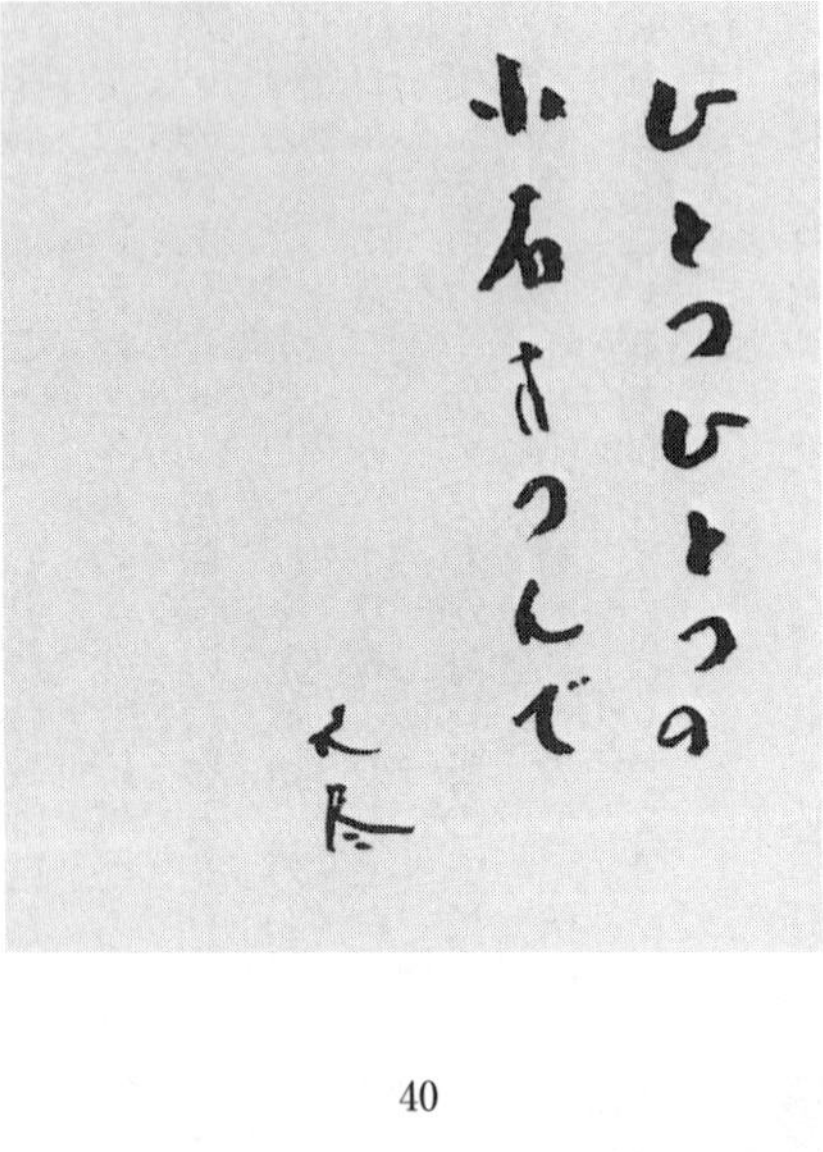

ひとつひとつの小石をつんで　不尽

三月

理想の小学校教師像（一）

二度とない人生だから

坂村真民

二度とない人生だから
一輪の花にも
無限の愛を
そそいでゆこう
一羽の鳥の声にも
無心の耳を
かたむけてゆこう

1日　小学校の教師として

一口に教師といっても、小学から大学に到るまで、色々な種類の学校教師がありますが、しかしそれらすべての教師のうちで、教育のほんとうの楽しみを、一ばん味いやすいのはどこかというと、それは結局小学校の先生だろうと言うことです。

こう申したら諸君の中には、中学課程の人もいるわけですから、そういう方に対しては、すまない気がしますが、しかし真理を曲げるわけにはゆきませんから、このようにハッキリ申すわけです。

2日　学級担任

教育における喜び、とくに一学級を担任している教師の喜びというものは、端的にいえば、それはいのちといのちとの触れ合う喜びだといえましょう。それこそは、われわれ教師にのみ与えられる深い恩恵だといえます。それというのも教師の仕事は、銭金《ぜにかね》づくの功利打算から出た仕事ではないからです。一学級の子どもたちと、この世における深い因縁が結ばれるということであって、思えばそこにはまことにかりそめならぬものがあるといってよいではないでしょうか。

3日 『学校教師論』（三浦修吾著）

この書物は、私の一生を決定した書物といってよいのです。私が師範学校を卒業して、三河の草深い田舎の小学校に赴任して最初に読んだのが、この書物だったわけです。当時三浦先生の書物によって慰められはげまされた教師は、全国いたる所におられました。こうした地下水的な深い影響力をもつのは、この三浦修吾先生とか芦田恵之助先生のような方々だといってよいでしょう。心ある人はゼヒ読んで下さい。

4日 父兄宛のあいさつ状

それは半紙一枚か、半枚程度のものでよいですから、とにかく新しい学級を受けもったら、早々に父兄宛のあいさつ状を出したいものです。

それは出来れば、新学年の始まった第一日に、子どもたちに持たせて返すのが、一ばんよかろうと思います。

もうそれだけでも、その担任に対する父兄の信頼感がいかに高まることでしょう。諸君らも教師としてこの二度とない人生を生きる以上は、この程度のことが出来んようでは、ともいえましょう。

5日　名前を早くおぼえること

子どもの名前を早く覚えることが、教育上いかに大切かということは、文句なしに絶対的といってよいわけです。随って、もし諸君らのうちに、教育にはとても熱心だけれど、名前を覚えることにかけては、どうも不得手で困るという人があったら、色々と工夫して、各自独特の方法を編み出されるがよいと思います。何といっても、子どもたちと行動を共にすることが根本であって、教師としてなるべく多くそうした機会をつくるよう、努力することが必要だといえましょう。

6日　「学級づくり」の原理

「学級づくり」というものは、子どもの一人一人の主体性の確立を目ざすと同時に、他面クラスの友だちと仲よく協調ができ、クラス全体を一つのまとまりのある、リッパな学級にまで育て上げることだ、と言えましょう。しかしながらこの二つの異質的な要求、すなわちこの主体性と協調性を、リッパに調和して、クラス全体が一体となることは、容易ならぬことで、一たいどうしたら結びつけることができるでしょうか。

7日 「人間づくり」

学級づくりの根本は、結局子どもたちの一人一人を、「何が正しくて何が正しくないか」ということの、ハッキリ見分けのよくつく人間にすることだと云えるのではないでしょうか。突きつめてゆくと結局「人間づくり」ということになり、「人間づくり」とは、一々の出来ごとについて、正しく判断して誤りのない人間になり、しかも正しいことは、必ずこれを行い、正しくないことは、断乎としてこれを避けるように、人間自身を根本的に作り直すことだと言えましょう。

8日 心の扉をひらく

「学級づくり」における、真に具体的なやり方というものは、とうていここにその一々を述べるわけにはゆきませんが、そのうち一ばん大事な基盤的なものは何かというに、それは、子どもたちの「解放」だと思います。即ち一人一人の子どもたちの心の扉を十分に開かせて、それぞれ感じていること、考えていることを、自由に遠慮気兼ねなく話さすということから手を着ける外ないわけです。しかしそうした機知を身につけることは、むつかしいことでもあります。

9日　学級と班との関係

今日学級教育、とくに小学校教育においては、この「学級づくり」さえうまく行われたら、それだけで、もう教育の基盤は確立せられたと云ってよいでしょう。そしてその「学級づくり」の土台となるのは、最後は「班の構成の仕方」だと考えていいと思います。

そこで㈠班の人数は六・七人ぐらいが適当で㈡子どもたちの仕事の分担によって班を分ける㈢子どもたちの話し合いによって決めさせる——など。参考までに。

宇野登『学級づくりの条件』（明治図書）

10日　学習指導

学習指導について一ばん大事なことは何かというに、それは基礎学力の問題です。ところでこの基礎学力というのが、国語と算数の力を意味することは申すまでもありません。ではどうしたら一たい子どもたちの基礎学力をつけることができるか、という問題ですが、要するにまず国語の本をスラスラ読めるようにすること、算数の四則をしっかり身につけさせることは、不動の鉄則といってよいでしょう。

11日　得手な教科と不得手な教科

諸君は何よりも先ず自分の得意な教科によって、子どもたちの心をつかむがよいでしょう。そしてその角度から子どもたちの心を統一して、「学級づくり」を促進せしめてゆくがよいかと思います。その上で、自分の不得手な教科の補強対策に取り組むがよいと思います。たとえば音楽がへたで、どうしても自信がもてないようでしたら、ひと夏すべてを投げうって、毎日朝から学校へ通って、音楽練習をやる外ないでしょう。

12日　机間巡視

教師というものは、一時間に少なくとも三回は机間を巡視して、一回に三人ないし五人くらいの子どもについては、たとえホンのひと言でもよいからコトバをかけて、その子どもの学習状態の一端に、小さくとも一つのクサビが打ち込めるようでありたいと思います。

このように教師自身が、自己に対して一つのきびしいおきてを課するようでなければならぬと言ってよいでしょう。

13日　板書について

板書というものは、いわゆる教育学などというものでは、一般に軽んじられていながら、一たん卒業して教壇に立ったとなると、もうその日からこの問題にぶつかるというのが現実です。そこで芦田恵之助先生から教わったことですが、板書をする際に、一字一字を清書のつもりで、バカていねいに書くように努力して下さい。そして一時間の授業が終って教室を出る際には、必ず板書の文字を消して出るように――。これはわれわれ教師の一種のたしなみともいうべきものです。

14日　宿題について

私はある意味では、一種の宿題全廃論者だといってよいのです。そしてこれまで宿題として出している程度のことは、私のいわゆる「午前五時間制」を採用することによって、午後の時間に学校でやらせてしまって、校門を出る時は、すべての子どもが、「毛筋一本借金はない」という気軽さにしてやれたらと、多年考えているのです。ついでながら「午前五時間制」のことは、私の『教育的実践の諸問題』の一ばん終わりに入れてありますから、読んでみて下さい。

15日　学級文庫

大部分の教師は、子どもの読書指導ということに関しては、ほとんど無関心といってよいかと思われますが、この読書指導というものは、考えようによっては、全教科の指導に比べて、ほとんど同じくらいの価値があるんじゃないかと考えています。

そこで真の読書指導は、先ず学級文庫から始めるがよいという考えです。ここで大事な点は、学級文庫に入れる書物は、必ず担任教師が読んだ本でなければ入れてはいけないということが鉄則です。

16日　一職員として

いやしくも学校教師としては、たとえその人が一学級の子どもの指導においては、いかに熱心であり、また優秀だとしても、もしその人が周囲の同僚との関係において孤立してしまって、学校全体の動きと十分に協調できなかったとしたら、そうした教師は、どうも理想の教師と言えないようです。それには卓れた才能に恵まれた人は、そうした自分の才能の幾分かを、つねに周囲の人々のために奉仕することが大事であって、つねにこの覚悟を決めていなければと、思います。

17日　職員会議

職員会議における注意について述べてみましょう。その第一は、議題がすでにあらかじめ論じ尽されて、ボツボツ次の問題に移らねばならぬという頃になって、もう一度問題を最初からムシ返すような発言は、原則としてしてはならない。第二として、学校という処は、校長を中心とする一つの集団生活ですから、どこまでも強引に押し通そうとしないこと。第三には、一種の汐時をおしはかって、「サアこの辺で決をとって置いたらどうでしょう」といった発言をすることです。

18日　遠足について

遠足地については、あらかじめ十二分の下調べをしておく必要がありましょう。調べておいてさえ、いざとなれば色々と思わぬ支障に出逢いがちなものです。とくに注意せねばならぬのは、弁当を喰べる場所はもちろん、とくに女生徒の便所の有無だといえましょう。一学級の担任教師になったら、少なくとも遠足の日だけは、戦々兢々として、終始気を弛めぬように――。万が一遠足先で事故でもあえば、その心のキズは、生涯消える時とてないでしょう。

19日 夏休みの課題㈠

夏休みは、ふつうの授業の単なる延長と考えてはいけないと思うのです。私が、極力「夏休みの友」式のものを斥けたいと思うのも、こうした考え方に発しているのです。私の考えとしては、学力の優れている子どもには、何か長所を伸ばさせると共に、学力の劣っている子どもには、これを補わすということにしたいのです。とくに算数の場合は、前学年の教科書の総ざらえをさせるということなど、父兄にもその旨を十分納得させて、協力してもらうようにと思うわけです。

20日 夏休みの課題㈡

しかもこれを実施するにあたり、まず六月の下旬辺から、子どもたちに、各自自分の夏休みの計画を立てさせ、父兄とも相談の上で提出させるのです。教師としては、一人々々の案に眼を通し検討を加えるわけです。これは「計画の樹立とその遂行」という点に、その根本のネライがあるわけですから、調節を加えるわけです。なおその提出期限の問題ですが、第二学期の始業日の遅くとも、一週間前、できたら十日くらい前の最後の招集日がよいと思うのです。

21日 教師の夏休み

教師たるものは、夏休みには、何かまとまった仕事をまとめ上げるがよいと考えます。たとえば自分の歩みについて何か研究物をまとめることです。そこでまとめ方ですが、最初に原稿用紙に書いてからというようなことをしないで、直接鉄筆を握って原紙に向うがよいと思います。(現在では、パソコンのキーを叩くことですね。)

夏休みに本を読むのも結構ですが、読書はむしろ平生の日にし、夏休みでなければやれないような、一つのまとまりのある仕事をする方が、賢明なやり方です。

22日 研修会や旅行

学校の教師をしている以上は、夏休み中に少くとも、何か一種の研修会に出席することは、ゼヒとも必要だと思います。それには講師の顔ぶれなどから考えて、一ばん自分の肌に合った会へ出席するがよいでしょう。また平素同志の友人と積立てておいて、計画的に旅行をするなども、大へん良いことだと思います。「ことしは北海道地方、ことしは九州地方」といった調子で、直接躰をはこんで見聞することなど、非常に意義深い夏休みの過し方だと思いますね。

23日　運動会の練習

秋の運動会は、できれば九月中にと思いますが、九月中は台風の恐れがあるとすれば、まず十月早々という辺が無難だといえましょう。

せめて運動会の練習期間中だけなりとも、私の提唱している「午前五時間制」を採用したらと思うわけです。要するに朝の始業を少し早めると共に、昼食を少しく遅らすことによって、昼食前に五時間の授業を終えてしまい、毎日午後の時間を、運動会の練習に打ち込めるわけです。

24日　農繁期対策

いやしくも自分が農村の学校に奉職して、農村の子どもを教えている以上、農繁期に農家の人々が、いかに苦労しているかという事実を、先ず身をもって認識することが第一だと思います。私の考えでは、せめて農繁期間中だけなりと、「午前五時間制」を採用して、昼食は家へ返して家人と共にさせ、午後の一パイは家の手伝いができるようにするのです。同時にこの方法なら、必要とあれば、十日でも十二日でも行うことができるわけです。

25日 研究発表

いよいよ研究発表をしなければならぬと決まったら、さっそくその日から本を読むことをピタリと止めるんですね。それから着手するのが、資料の整理と分類です。そして次に研究発表のさいのプリント作成ですが、㈠新鮮さ㈡面白さ㈢捨てがたい魅力があると最上位でしょう。なお研究発表の当日の注意ですが、㈠理屈にわたること、特に他人の書物の受け売りをしないこと、㈡思い切って中心点をしぼり具体的に感動的に、㈢時間が足らず尻切れにならぬよう——。

26日 研究授業

校内での研究授業というものは、ひとに命ぜられたり、順番の廻ってきた際にこれを避けないばかりか、時には自ら進んで買って出るくらいの意気込みがあってほしいと思います。なおその外にも、自分一人単独に、校長や教頭、時に教科主任に授業を見て貰うくらいでありたいものだと思います。それというのも、人間界のことはすべてが、馴《な》れであって、その人がどれだけ場かずを踏んでいるかどうかの問題だといってよいからです。

27日 他校の参観

参観校の選択について申したいことも多々ありますが、それはさておき、参観当日の心得として、私の第一に申したいことは、必ず朝会の前にその学校に行っているということです。また終礼後の生徒の会合や掃除、又中学ならばクラブ活動のもようなどは、どうしても見せて貰わねばなりますまい。その上、その晩、校長さんを中心にその学校の中堅どころの先生数人を招じて、その学校をそこまで持って行った苦心談をお聞きするということでしょう。

28日 修学旅行㈠

修学旅行について注意を要する点は、下調べの周到さということで、肝心の急所急所の念の押し方に手抜かりを生じないように——ということです。それに事前に生徒諸君に注意することは、まず㈠いかなる事があっても他校の生徒とケンカしないこと、㈡集団万引など絶対ないように、㈢弁当をつかった後始末をキレイにすること、㈣刃物の類を買わないこと、㈤みやげ物の制限を励行させること等々。一ヶ月ほど前から話し合いによって、各自が十分納得するように。

29日　修学旅行(二)

では附き添い教師の心得としては、
一、食事は必ず子供たちと一しょの室で、子供たちと同じ物を食べること。
二、寝室も教師たちだけ別室に寝ないで、それぞれ子供たちに分番して寝ること。
三、随って女生徒のためには、どうしても女教師の附き添いが必要のこと。
四、子供たちの夜分の外出も、後からついていってよく見届けること。
五、修学旅行先で教師が勝手に知人を訪問することは絶対に禁物。

30日　学芸会

学芸会や音楽会などを、金をかけてまでハデにやることは、教育そのものの本質から考えても、好ましいことではありません。ですから道具とか衣装のたぐいは、必ず教師と子供たちとの手製の品に限るという原則の確立が大事です。さらに出し物の選び方についても、㈠学校の教材にもとづいたもの、㈡子供たち自身の創作になるもの、㈢学校劇にふさわしいものを選び出すこと、その上でなるべく多くの子に役が廻るようにということです。

31日

音楽会

音楽会というものが、子供たちにとって「心から楽しい会であるように――」ということを先ず申したいのです。音楽会についても注意したらと思うことは、㈠出場メンバーをできるだけ多人数にするように配慮すること、㈡たとえ演奏しうる子供があったとしても、程度の高過ぎる楽曲はなるべく少くすること、㈢楽曲のあまり長過ぎるものもなるべく避けることなどではないでしょうか。特に子供のピアノ独奏やヴァイオリン独奏などは、絶対に止めたいと思います。

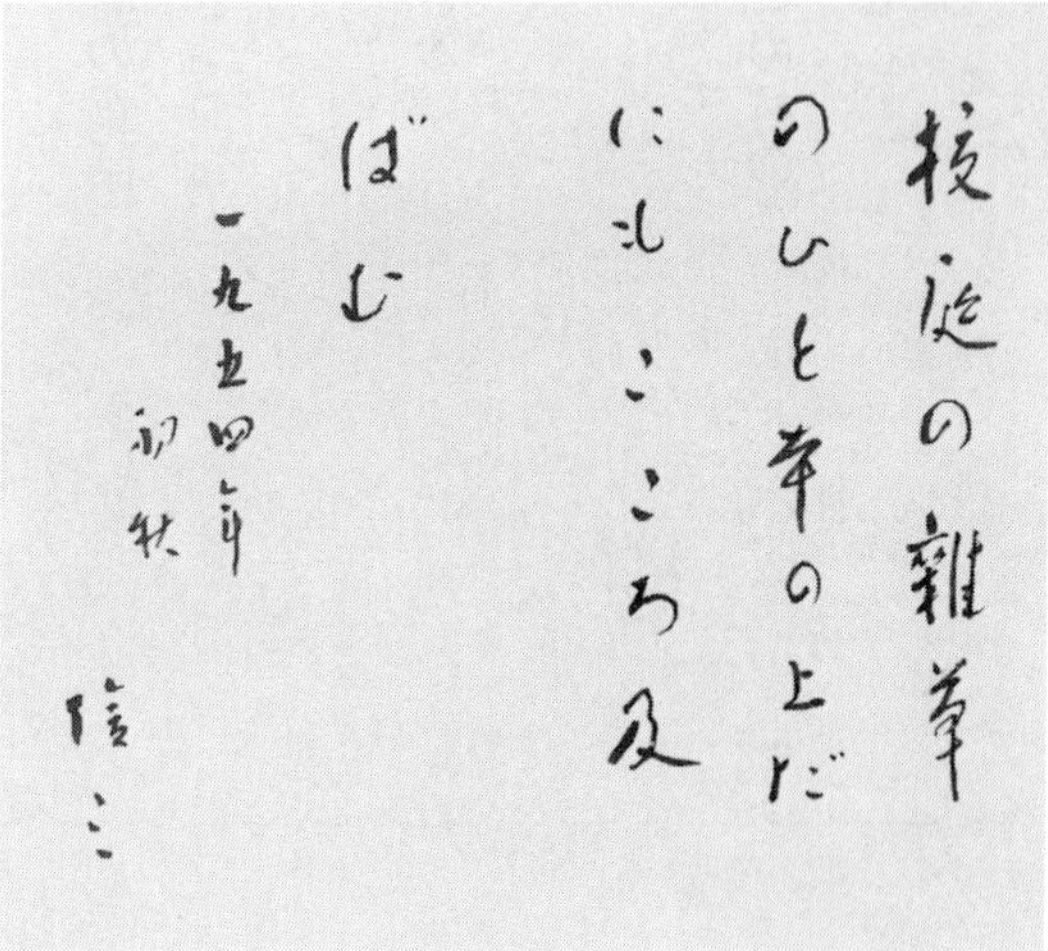

校庭の雑草のひと本の上だにもこころ及ばむ　一九五四年初秋　信三

少年少女に今も読まれる君の童話
永遠《とわ》のいのちの種子を蒔きつつ

○

激浪のさ中にありて動かざる
君頼もしとわが思ひをり

○

わがコトバ石に彫《ほ》られてこの村の
貧しき子らも日々に眺めむ

四月

理想の小学校教師像（二）

リンリン

坂村真民

燐火のように
リンリンと
燃えていなければならない
鈴虫のように
リンリンと
訴えていなければならない
禅僧のように
リンリンと
鍛えていなければならない
梅花のように
リンリンと
冴《さ》えていなければならない

1日　父兄の信頼と協力

われわれ教師が父兄の信頼を克ちうるようになるための根本的条件の第一は父母の立場の認識であり、いま一つは、子供たちをほんとうに可愛がるということです。そもそも人間とは、いわゆる理屈には服しなくても、真実の実践の前には、思わず知らず頭の下るものなんです。たとえばノートや作文など子供たちの提出物を、一々丹念に心をこめてみてやるか、どうかということも、父兄の立場からはその教師の愛情のほどを、最も端的に伺いうる事柄といってよいでしょう。

2日　一人びとりの家庭を

われわれ教師は、できるだけ一人々々の子どもの家庭について、よく知っていなければならぬということです。なかでも、その家の職業ならびに生活態度については、あらましの見当がついているのでないと、その子の扱い上、ズレが生じ易いといえましょう。あるいはまた、母親はじつの母親かと思っていたがそうではなかったとか、なども心得ておかねばならぬことでしょう。そうした一家の内情に関する事柄は、絶対に秘密を厳守しなければならないということです。

3日　家庭訪問

家庭訪問にさいして大事なことの一つは、親御さんから、子どもの短所ばかりでなくて、必ずその長所を聞き出すことを忘れてはならぬということでしょう。このように子どもの長所について聞き出すということは、その後親たちにも、わが子の教育方針の上に、一つの大きな方向転換を与えるキッカケともなりましょう。

そして大事なことは、父兄との話し合いによって分ったことの要点は必ずメモしてくるということです。

4日　父兄への連絡

父兄への連絡は、週一回でよいから、これを永続して頂きたいと思います。

これは私の考える「理想の小学校教師像」のうち、最も重要な、いわば眼睛的な条件といってよいでしょう。それ以外にも臨時に連絡を必要とする「個人連絡」用に備えて、ワラ半紙二つ折とハトロン紙製封筒の百枚束とは、必ず常備して、すぐにその場でペンをとり、封筒に入れて、子どもに持たせて帰すということです。

5日 参観日

参観日というものは、父兄というお客さんを招待する、いわば接待日なわけですから、教師として、ただ夢中になって子どもさえ教えていれば、それですむわけにはゆかないのです。

参観の仕方については、㈠先にきた人から順につめて、奥を空けないように、㈡教室の入り口で、固まっていないように、㈢どんなに混み合っていても、廊下には絶対に立たないように等々、参観日の根本原則については、よく了解して貰うことが必要です。

6日 病気見舞

受けもちの子どものうち病気で休んだものがあったら、最初の一日だけは手紙を書いて、近所のお友だちに持たせてやつて、第二日目には必ず立ち寄って見舞うというきまりをたてることです。なお受けもちの子どもが、学校でケガをした場合には、いかなる事情があろうとも、必ずその日のうちに子どもの家を訪ねて、おわびをしておかねばなるまいと思います。また受けもちの子が、長期入院の場合には、月曜日の帰りには必ず見舞うということに決めておくことです。

7日　家庭教育への教師の協力㈠

私は大学の講義の合間々々に、広く全国の学校行脚をしているのですが、ときどき学校の朝会で全校の子どもにあいさつする場合が少なくないのです。そうした際、小学校ではいつも「三つのみやげ」について話します。

一、朝は人より先に朝のあいさつをしましょう。

二、毎晩夜のうちに、エンピツを必ず三本削って寝る子になりましょう。

三、おうちでハキモノのきちんとそろえられる子になって下さい。

8日　家庭教育への教師の協力㈡

教師としては、父兄に対して、子どものことについて助言し指導する場合には、ある程度、原理的な把握をしかと抱いていることが必要です。

たとえば、

㈠わが子に注意する場合、必ず前に二つはその子の美点をほめること

㈡子どもの盗みというものは、愛情が根本原因。

㈢兄弟ゲンカは、一種の変態的スポーツ

㈣家ではおとなしいが、学校で乱暴して困るは、要注意児童——等々。

9日　地域社会の実態を

私などは、全国各地を廻っていますが、田舎の農村へゆきますと、真先きに尋ねるのは、その村の平均反別です。このように、その地域の産業状態や経済事情を、ごく大づかみに知るということは、教師としてどうしても心得ていなければならぬと思います。これは小都会に奉職している人々でも、田舎に比べて何らの違いもないはずです。いま一つ大事なことは、その地域の出身者で、都会に出て成功している人々についても、とくに注意する必要があろうと思います。

10日　校区の人びとと共に

学校教師も、地域の実態について、なるべくよく分っていることが望ましいわけですが、その外にも、地域における真人を見つけ出すということは、さらに一そう大事なことだろうと思います。それというのも、そうした人こそ地下水として、地域をその最下の基盤において支えている人々だからです。そのように、その町なり村の人々の気もちと通うものをもつのでなければ、その町、その村の子どもを、真に愛し教えるということは、出来ないではないかという気がします。

11日　青年の指導について

わが国の現状においては、最も重要な青年指導に対して、一ばん閑却せられているといってよいのです。

それに対してさしあたり私に考えられることは何かというに、第一には諸君を中心とする有志青年の読書会がもたれるということです。

そうした読書会において使うテキストは、一体どういうものがよいかと言えば、さしあたり「二宮翁夜話」の現代訳も、そのテキストの中に加えてみられるのも一案です。

12日　未来へのヴィジョン

もし現在教職にある人々の約半数の人々と、すでに退職して恩給生活をしている人々の七八割までが、十人前後の中堅青年をメンバーとする読書会をつくっていくならば、わが国の社会教育は、リッパに運営してゆくことができると思います。今やそれが一つの村づくりにまで発展した実例として、出雲の日登《ひのぼり》の加藤歓一郎氏の業績を思わずにはいられないのです。それには毎週土曜日の晩に、読書会がもたれ、それが三十年をこえる蓄積があったからです。

13日　登校時間

出雲の日登中学の前校長の加藤さんが、その在任中「日登中学の憲法三ケ条」として、その第一は、「職員は、職員朝礼前、少なくとも十五分前までに出勤してほしい」というわけです。

そこで電車で通勤される人には、せめて通勤の車中でも、何とかして多少とも読書に打ち込んで欲しいと思いますね。教師のように文化的な仕事をしているものが、書物を読まなくなっては、本質的にはもう退歩が始まっているといってよいでしょう。

14日　始業前のひととき

毎朝登校の途次に出逢う子供たちには、どの組の子供という差別をしないで、自分から必ず朝のあいさつを忘れないようにして頂きたいということです。次に教室に行って、始業前の窓ガラスを開けておくがよいでしょう。では次に何をするかというように、私でしたら、わずかな時間ながら、そこに出されている子供の日記を見ることでしょう。教師生活にあっては、朝のホンのわずかな時間を、いかに活かすかということが、最も大事なかなめといってよいでしょう。

15日　二つの朝会

二つの朝会について、まず職員朝会ですが、できるだけ、時間を短縮したいものです。朝の職員朝会が間のびしますと、その日一日影響すると言ってよいからです。

次に全校朝会ですが、時間の方は出来るだけ短くしたいと思いますが、とにかくやることだけは、毎日やるがよいと考えるわけです。それは教師にとっても子供にとっても、全校的体験というものは、この朝の全校朝会の外にはその機がないからです。

16日　昼食を共に

授業の始めと終りの時間を、教師として、できるだけ厳正に守るようにということです。教師は、始業のベルと同時に椅子を立つことが、最も大切な心がけであり、終りのカネが鳴ったら、スグに止める、ということです。なお昼の食事を、子供と一しょにするということは、教師にとっては、一日中の一つの楽しい行事でなくてはなるまいと思います。それを職員室でひとり食べるようでは、もうそれだけで教師としては失格といってよいほどです。

17日　昼休み

食事をすんだら、あと十分か十五分くらい、何か子供たちに興味のある長い続き物を読んでやってほしいと思います。では、一たいどういうものを読んでやったらよいかということですが、やはりユーゴーの「レ・ミゼラブル」の子供むきのものとか、「十五少年漂流記」などが好評を博しているようです。近ごろでは、給食のために、時間がとれない場合、私でしたら、自分の食事はあと廻しにしても、子どもの食事中に、ヤハリ続き物を読んでやるでしょう。

18日　掃除について

わたくしの考えとして教師は、
㈠子どもをむやみに叱らぬこと。
㈡掃除を子どもと一しょにすること。
という二つの条件さえよく守れたとしたら、小学校教師としてまず本格的な軌道にのりかけたといってよいと思います。さて掃除について全校動員体制をとるにせよ、あるいは当番制をとるにしろ、また男女一しょにやらすにせよ別々にするにせよ、教師は子どもたちに掃除の仕方を仕込むわけで、こうしたことこそ、真の人間教育であると、思います。

19日　提出物の点検

とにかく児童の提出物の点検という、教師として毎日欠くことのできない重要な任務に対して、教師としてどういう心がまえが必要でしょうか。ところでこの第一原則は、即ち「その日の事は必ずその日のうちに片づける」ということの厳守です。それには、一大決心・覚悟を必要とするということでしょう。その上に大切なことは、私はある種の拙速主義ではないかと考えるものです。いかなる意味においても粗末でよいということでは断じてないことは確かです。

20日　教材研究

何ゆえ一般に教材研究が不十分かと申しますと、そのうち一ばん根本的なものとしては、私は教師に教材の体系的な把握が為されていないからだと思います。自分が今年担当するこの学年の算数は、小学校六年間の全教材体系の中で、一たいどういう意味をもつものであるかということが、よく分かっていなくてはなるまいと思います。小学校の主要教科については、一年から六年までの教材の仕組について、一応心得ていることが、絶対的な義務といえましょう。

21日　下校前三十分の読書を

そもそも現在わが国の学校教師にとつて、一ばんの問題は、私は読書をしない人が意外に多いのではないかと思うのです。それゆえこの点についての一つの根本対策として、この「下校前三十分の読書を」を提唱した次第です。

そもそも読書というものは、その分量の多少に拘わらず必ず毎日欠かさぬように読むのでなければ、真の効果は挙がらぬものです。即ち肉体に欠かせぬ食事と同じく、心の食物ともいうべき読書も、毎日欠くわけにはゆかぬわけです。

22日　訣れのことば

私は今年六十三歳で、この三月末をもって定年退職の身となるわけです。最後のはなむけとして諸君に贈りたいコトバは、「この二度とない人生を、多少とも意義あるように生きるためには、われわれ人間は、どうしても自分の師とする人を求めねばならぬ」ということです。芦田恵之助先生は、晩年には「私は一生に七人の師匠をもった」と仰言っていられましたが、私も、学問並びに人間の生き方という点で、教えをうけた方が、やはり十人前後はあるように思います。

23日　佳書紹介①

☆**学校教師論・三浦修吾**　玉川大学出版

この書物は、私の一生を決定した書物といってよいのです。当時三浦先生の書物によって慰められはげまされた教師は、全国到る処にあって、今でも私は全国を旅して時々そういう人に出逢うほどです。

☆**君ひとの子の師であれば**　国分一太郎

国分さんは、戦後生活綴方の指導者として、わが国の教育界に非常に大きな貢献をされた人です。

24日　佳書紹介②

☆アルベルト・シュバイツアー『**わが生活と思想より**』　竹山道雄訳　白水社

「世紀の聖者」といわれるこの巨人の手になった自叙伝です。従って今日シュバイツアーについて、そのあらましを知ることは国民教育者としては、一つの義務といってよいかと思います。

25日　佳書紹介③

☆ **学級革命**　小西健二郎　牧書房

これは小学校の教師になる人には、今日必読の書物といってよいでしょう。

☆ **教育的実践の諸問題**　森　信三

戦後十数年の歳月を経て、日本民族の教育再建の方途につきその教育実践の問題について、詳述せられたもので、特に「午前五時間制」の提唱は注目すべきものです。（寺田記）

26日　佳書紹介④

☆ **後世への最大遺物**　内村鑑三

内村先生の書物のうちでも、一ばん広く読まれている書物といってよいでしょう。内なる魂の要求として若いうちに読んでおくとよいと思います。

☆ **代表的日本人**　内村鑑三

この書物は、原文は英語で書かれたものであって、広く西洋諸国の人々に、日本民族の真髄を理解させようとの意図で書かれたものです。

27日　佳書紹介⑤

☆**村を育てる学力**　東井義雄

この本の著者は、日本でも卓れた作文教育をしている人です。但馬《たじま》の豊岡から二十五キロもある田舎の学校で、精魂を傾けて子どもたちと取り組まれた記録です。

☆**西郷隆盛**　圭室諦成　岩波新書

私はこの書物を読んで初めて西郷という人が、文字通り「悲劇の英雄」だということを骨身にしみて感じるようになったのです。

28日　佳書紹介⑥

☆**マハトマガンヂー**　ネール

この前ご紹介したロマン・ローランの「ガンヂー」と、このネールの「ガンヂー」と、どちらがよりよく、この絶大な偉人の真面目をつかんでいるか、ひとつくらべてみて下さい。

☆**みそっかす**　幸田　文

著者はご承知のように、明治の文豪幸田露伴の一人娘さんですが、この本は子の立場からみた文豪露伴の人間像を浮彫りにしたものです。

29日　佳書紹介⑦

☆**魯迅**　竹内好　創元社

わが国における魯迅研究の第一文献として、一種の古典的意義をもっている名著です。

☆**二宮翁夜話**　福住正兄筆記

二宮尊徳という人は、民族の生んだ一大哲人といってよいと思います。

☆**報徳記**　富田高慶

本書は『二宮翁夜話』との姉妹篇ともいうべきものです。

30日　佳書紹介⑧

☆**正法眼蔵随聞記**

道元の『正法眼蔵』は非常に難解な書物で道元の宗教的信念の真髄を、正面から本格的に打ち出したものであり、最も深い哲学観ともいえますが、この『随聞記』の方は随順したお弟子の懐奘《えじょう》の筆録ですから比較的解りやすいわけです。

☆**谷中事件**　大鹿　卓

偉大な真人田中正造について著者が晩年生命を賭けられたものです。

五月

理想の中学校教師像(一)

生きるのだ

坂村真民

いのちいっぱい
生きるのだ
念じ念じて
生きるのだ
一度しかない人生を
何か世のため人のため
自分にできることをして
この身を捧《ささ》げ
生きるのだ

1日　教師としての人生

教育という仕事は、相手の生命に火を点じて、これを目ざめさす点にあり、それはまた相手の人間を、真に主体的に自己を確立させることだといえましょう。それには、何よりも先ず教師たるわれわれ自身が、みずからの生命に火を点じなくてはならぬからです。

かくして真の教育は、教師自身がみずからの主体的生命に生きることによってのみ行われると言えましょう。

2日　中学校の教師として

とにかく何といっても中学校では、生徒が物の分り出す年ごろになっていますから、人間的な自覚のたねまきをするのに最もふさわしい時期だといえましょう。が同時にまた考えねばならぬことは、中学校では一人の生徒を大ぜいの教師で教えますから、教師がよほどしっかりしていないと、かえって小学校の教師ほどの影響を与え得ないという場合も少くないと思うのです。否、現実にはむしろこの方が多いといってよいでしょう。

3日　中学教師の二つの任務

中学教師として大事な任務とは、教科担任の外、さらには学級担任として、生徒たちに対して、その人間指導をしなければならぬということです。

これは一般的には、教科指導の方が重点がおかれて、生活指導面がとかく軽んじられている傾向が多いためです。随って今後当分の間、全努力の六七割を生徒指導のために割くとしたら、その時はじめて教科指導と生活指導のバランスがとれるようになると思うのです。

4日　教育目標としての人間像

今後の教育において、われわれが目ざす望ましい人間像として、第一には、物事を自主的に考え、主体的に判断の下せる人間ということ。第二には、他の人々と協調のできる人間ということであり、第三には、実践的な人間ということではないかと思うのです。それは、自ら考えたことを、責任をもって遂行できるような人間ということです。さらに国家民族のことを考える人間であり、さらに世界人類の問題をも、つねに考えているという人間こそ望ましいともいえましょう。

5日 中学教師の五つの条件

望ましい中学教師の条件として、私は、つぎの五ヶ条を挙げたいと思います。㈠脚もとの紙屑を拾えること、つぎに㈡社会科学的な勉強も怠らぬこと、㈢として、現代においては、パソコンの技術をもち自由に打ちこめること、㈣としては、バイクの機動力が自在に発揮できること、そして、いま一つ㈤日常生活の中に何か二つ三つの生活規律をもつこと——と思ってます。

6日 生を教育に求めて

私にとっては過ぎ去った六十年の歳月というものを、一語で現わすとしたら、結局はこの「生を教育に求めて」というコトバの外はないからです。しかも三十代の半ばごろが、わたくしの自覚期だったわけで、その当時「人生二度なし」に目覚め、爾来今日に至るまで、人生最深の真理として端的に表現しております。

と同時に、どうしてもすぐれた先人の生き方について研究する必要のあることに気づき、色々な人の伝記の遺著を研究し出したのです。

7日　書物の紹介

私は諸君らが卒業して中学校の一教師となるや、ただちに必要と思われる具体的実践の数々についてお話すると共に、毎時間、講義の初めに、書物の紹介をしたいと思っております。即ち私としては、本質的にはむしろ講義に入る前の書物紹介の方により多くの比重をかけているといってもよいほどです。何となれば、将来教師としての日常的実践を、より強固なものにするためには、結局すぐれた先人の書物によるほかないと思うからです。

8日　中学における学級担任

中学の学級担任というものが、小学校のそれと比べて、いかに重大な、かつ困難な仕事かということが、分かって欲しいのです。ですから中学の学級担任者としての責任を果すためには、小学校の少なくとも三倍、ないし五倍の心づかいを必要とすると云えましょう。私が「中学校の教師をする前に、できたら三年間くらいは小学校の経験をするがよい」と申しますのも、中学校における学級担任というものが、じつに容易ならぬ重責だということを、お察し頂きたいからです。

9日　何でも打ち明けられる教師に

生徒たちから何でもうち明けられる教師という点で、第一に必要なことは、教師が生徒と人間的に同一の基盤に立つということではないかと思うのです。その上にさらに必要なものとして、教師は何よりもまず人間的な暖かさが必要だと思うのです。それには生徒のためにつねに親切に尽してやるように努力することでしょう。その上に今一つの条件はといえば、相手の心の扉を開けるこつとか、テクニックとでもいうものを、身につけることでしょうね。

10日　新しい学級を受け持つ場合

新しい学級を担任して最初しばらくの間は、教師として、とくに心を使い、意を用いる必要があると思います。その点で第一に大事なことは、何といっても名前を覚えるということでしょう。中学の担任教師は、自分の学級を教えるのは、週に三・四時間ですから、当分の間は、まず生徒の名前を覚えることに、その全精力を専注するがよいと云えましょう。なお生徒の名前を覚える実さい上の工夫については、めいめいの努力を重ねる他ありません。

11日

読書指導について

学校教育の成果は、生徒たちが、卒業後世の中へ出てから、一たいどの程度、自分で本を読みながら、独力で自分の道を切り拓いてゆけるかどうかという点にあると云ってもよいと思うのです。私が機会あるごとに、つねに読書指導の意義を力説して止まないゆえんです。

そのたねまきの一つとして、教師の方で何か一つ二つ、生徒たちの心にふれるような話を読んでやりますと、かれらもようやく読書というものへの心の眼が開かれてくるようです。

12日

学級文庫

読書指導を進めてゆく上で、一つの大事な問題は、私は「学級文庫」を作ることだと思います。それには教師がつねに自分の担任学級の生徒たちに読ますべき書物を、探し求めて読んでいるということでしょう。とにかく教師というものは、自分の専門の本以外に、生徒に読ますべき本を探し求めて読んでいるんでなくては、真の教育者とはいえないと思います。しかるに、肝心の生徒向きの書物を、一冊も読んだことがないという教師も、時にはいるらしいです。

13日　男生徒と女生徒

この男生徒と女生徒の問題について考えるにあたって、まず表面上互いに異性を排斥し出すということは、実は内面的には異性に対する関心が一段と高まってきたことのひとつの顕著な徴標だということです。さらに女生徒に対して男生徒同士の対立があり、男生徒に対して、女生徒同士の対立という男女の複雑な心理が働いているということを、われわれ教師としては、よく心得ていなければなるまいと思うのです。

14日　掃除を一しょに

掃除ひとつ生徒と一しょにやれないようでは、教育のことなど、かれこれ論じたって始まらぬと思うのです。そこで教師自身の教育的実践の根本第一条として、学級担任を命ぜられた瞬間に、一大覚悟を以って、「掃除を共にする」ことに取りくむ決心をするということです。

それにつづいて生徒たちと「昼食を共にする」ということでしょう。とにかく義務教育に従事する教師である以上、この二つは、不可避の条件といってよいでしょう。

15日　一人びとりの生徒を

学級の担任として、どうしたら一人びとりの生徒を多少なりともつかむことができるかの問題ですが、まず、各人がその得意とする事柄と不得意な苦手なことは何かについて書かせてみたらと思うのです。次には家庭環境の実情と共に、現在自分の悩んでいる事柄について書かせてみるのも、一つの方法かもしれません。ところで学級担任として、何よりも先ず生徒から信頼されて、何でも打ち明けられるような教師になることが必須の条件となってくるわけです。

16日　日記と作文

担任教師が、自分の担任学級の生徒に日記を書かせて、毎日それを見るということは、私はそれだけでも実に大した仕事だと考えるものです。

毎日五十人前後の生徒の日記をよみ、かつ多少の感想を書くとしたら、二時間以上の時間を要するからです。その上教師はつねに必要に応じて、個人的に作文を書いて貰うという方法をとらざるを得ないわけですが、これまた教師自身も、一々感想なり助言を書きこんでやる必要がありましょう。

17日　集団指導

現在においては、教師の指導力というものは、単に個人的に一人の良くない生徒を直すという程度では不十分であって、どうしても集団としての学級全員の自覚を、集団としての意識を高めてゆくのでなければならぬと思うのです。只クラスの全員に向って、つねにお説教さえしていればいいというのではもちろんありません。今後の教育においては、教師の努力は、戦前の教育と比べて、ひじょうに多元的に為さねばならなくなったともいえましょう。

18日　班づくり

学級の指導として個人とクラスの全体との中間に、もう一つの中間的存在としての小集団即ち班づくりというものが必要なようであります。

一つの班の人数は、大たい六、七人から七、八人までが適当なように思われます。次は班の構成の仕方ですが、生徒間の交友関係を参考にしたり、またある程度は、生徒たちの希望も徴しながら、最後のところは、教師の決定による外ないと思われます。

19日 家庭訪問

家庭訪問の際、大切なことは、生徒の一人一人について、最低限の材料を用意することでしょう。そのためには、生徒の日記とか作文などから、個人別に控えておいたものを用意することです。

次なる注意ですが、まず第一に先方の家へは上らぬのがよかろうと思います。第二には、こちらは余りしゃべらないで、なるべく先方から話を引き出すということでしょう。そして先方の話される事柄については、要点を一々ノートにメモすることを忘れてはならぬと思います。

20日 父兄との連絡

次に、年中行事としての家庭訪問ではなくて、臨時に生徒を訪問する場合ですが、たとえば、受けもちの生徒が病気で欠席した場合、少くとも三日つづけて休んだら、これはもうどんなに家が遠くても、やはり見舞う必要がありましょう。ところが、他の用事のため、それが出来ない場合は、必ず手紙を書いて他の生徒にもち帰らせ、手渡してもらうように。こうした手紙連絡をヒンパンにする教師こそ、もっとも望ましい教師といってよいでしょう。

21日　担任外教師の協力

生徒の生活指導については、学級担任でなくて、教科担任だけしている人々にも、間接的にもせよ、大いに責任をもって、援助して貰わねばならぬと思います。それには、それぞれの学級担任は、月に一回くらいは、自分の学級を教えている教師たちに集まって貰って、それぞれの意見を聞く会をもつことでしょう。

とにかく学級担任として、その人がどこまで成果を挙げるか否かは、その人が、担任外の教師の協力を求めうるか否かによる処が多いともいえましょう。

22日　教科の実力と教授法

われわれ教師としては、自分の担当教科に対し、できるだけ専門的な実力を身につける必要があり、平素の努力を怠ってはならぬということです。と同時に「教科の実力があっても、教授法はまずい」ということもありますから、ある期間の練習習熟が必要です。なお、教師が自分の担当教科の実力をつける上で、ひじょうに有効なのは、担任教科に関して、他の教科書を、少なくとも二三種類はよく研究する事だと思います。もちろんこれは全三ヶ年の過程を通してです。

23日　研究授業と研究発表

研究授業について、申したい事は㈠研究授業は思い切って大胆にやる。㈡できるだけ場数を多く踏むこと。㈢それは、なるべく学校卒業後早めにやるがよい。——という三ヶ条であります。少なくとも人々から「やれ」といわれたら、絶対に回避しないということです。次に研究発表についてですが、「研究発表を引き受けることになったら、も早書物を読むことは一切中止して、ただ平生自分がやってきたことを、これまでの色々の資料を基にしてまとめあげることです。

24日　板書の研究

板書というものは、その一時間の授業内容のエッセンスが、圧縮せられ、コンデンスされたものでなければならぬのです。では、板書がリッパにできるためには、教師は自分が翌日の授業の中で板書する事柄については、あらかじめノートに用意してのぞむことが大切です。

次に形式の面で申したいことは、一時間に数回、机間巡視をかねて、最後列の処まで行って、自分の板書を客観視してみる必要があるということです。

25日　換気・通風

つぎに教室の通風という問題ですが、案外注意している人が少ないようですね。ところがこの通風という問題は私の考えでは、学校衛生における一ばん大事な問題ではないかと思うのです。ところで一ばん心しなければならぬのは、冬の季節四ヶ月ほどの間です。そこで冬の季節にさしかかったら、足一歩教室内へ踏み込む瞬間に「この教室の空気の汚染の程度は60点!!」とでもいった調子で判定を下すと共に、ただちにそれに対する対策を講ずるんですね。

26日　机間巡視

つぎに机間巡視の問題ですが、中学校においても、一時間に二回くらいは机間巡視の必要があろうと思うのです。それというのもわれわれ教師の生活は、このように一種の生活規律的なものを決めておかないと、とかくズルズルベッタリになりやすいからです。そうした机間巡視において、生徒のノートの仕方とか、時々は筆箱などを見ることでしょう。というのも、筆箱というものは、それを見ると、その生徒の性質の大たいの見当はつくと云ってよいからです。

27日 家庭学習と勉強法の指導

近く諸君が卒業して、一教科、また二教科を担当するようになったら、必ずその教科の勉強法を、しっかり生徒たちに教えてほしいと云うことなんです。とくにそのさい、家庭における勉強の仕方を、ていねいに教えるようにして頂きたいと思うのです。生徒たちに、家庭における勉強の仕方を身につけさすということは、学校で教えるのと同じ程度に、否、考えようによっては、それ以上に大事なことだということが、言えると思います。

28日 学力差のひらきをどうするか(一)

われわれ教師のなすべき最も大事なことは何かというに、第一には、一体どうしたら優・中・劣の差を縮めることができるか、ということへの根本対策であります。私が「東北の旅」の途上で、青森県三戸《さんのへ》で、中学校の国語の講師をしていられた井口信雄氏や、秋田県の同志渡部正男氏のところでも、同じ質問をしました。「中学では国語の教科書がスラスラ読める生徒は、一たい何割ですか」とお尋ねしたところ、言下に「まず八割前後でしょう」と答えられ一驚しました。

29日　学力差のひらきをどうするか㈡

そこで私は「ヤハリ芦田先生の席順読みのせいですか」とお聞きしますと、「もちろん、そうです。」とおっしゃられたのであります。即ちこれらによって私の申したいことは、教師自身が教授法というものをよく研究していさえすれば、クラスの七八割まで生徒の学力を、ある水準までも、もってゆくということは、けっして不可能ではないということです。そしてこうした点への研究が、今後中学校の教師に課せられている、一つの重大な課題だということであります。

30日　教材研究と教授法

生徒の実力に大きなひらきができるということは、教師の教材に対する研究というか、そのこなし方が不十分だということが、何といっても一ばん大きな原因といってよいからです。ところで、㈠教科書の研究という問題では、少なくとも三種類以上の、他の会社の教科書の研究を全学年にわたりする必要があると思うのです。次には㈡の教授法の研究ですが、すぐれた現場の実践人のすぐれた人々の実践記録につねに最大の関心を寄せる必要があると思います。

31日

研究グループ

こうした㈠教材の研究と㈡教授法の研究についてですが、自分ひとりでやるよりも、グループでやる方が、比較的やり易くはないかと考えるものです。

ですからできるだけ努力して、ゼヒ校内研究グループを作るようにしたいものです。なお又学校が小さくて、自分の学校だけでは、そうした研究グループができないような場合には、近くの学校の有志が集って、そうした研究グループを作るようにするがよいと思います。

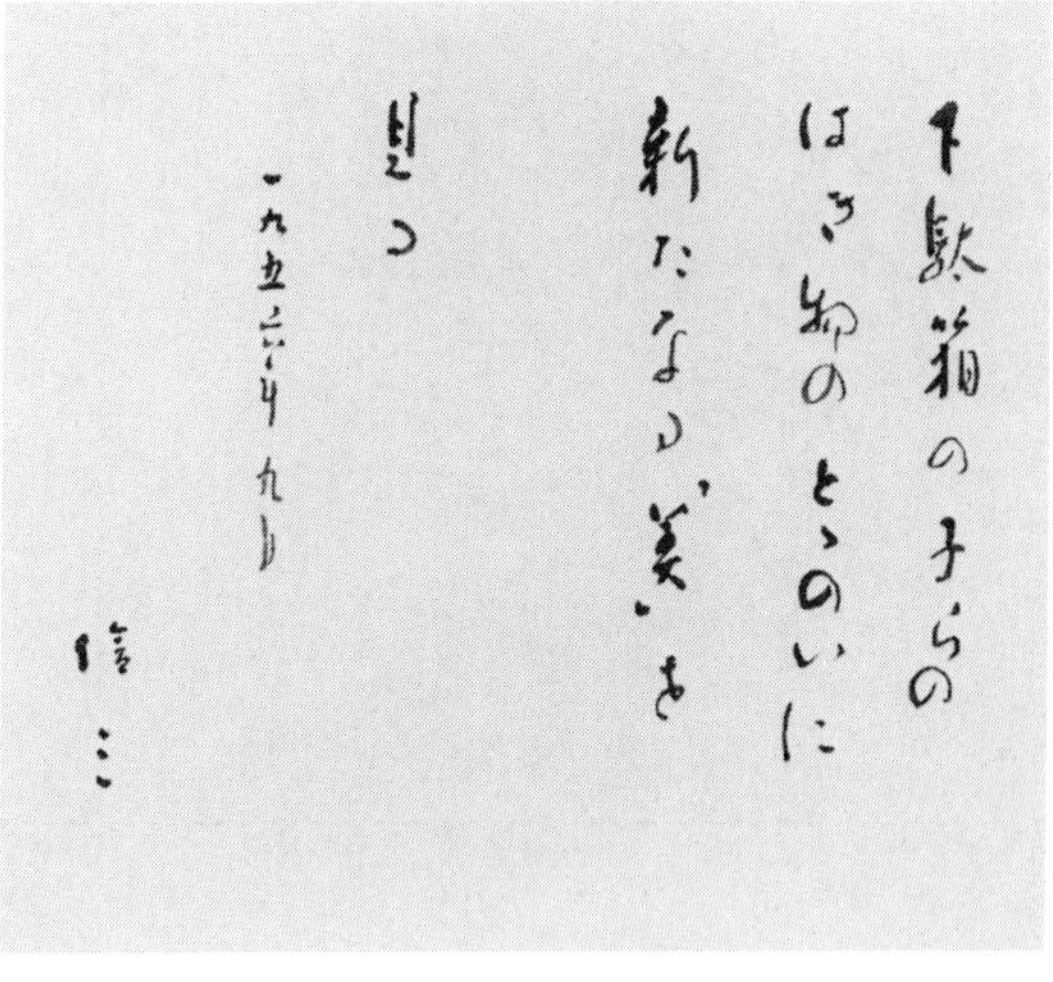

下駄箱の子らのはき物のととのいに新たなる「美」を見る　一九五六年九月　信三

心底《しんそこ》よりこころの通ふ友ひとり
故里《ふるさと》にしてもてる幸《さきは》ひ

○

ひと筋の道あゆみ来し君ゆえに
その晩年のかくも恵《めぐ》しき

○

人生の晩年に近く「眼蔵《げんぞう》」の
校註を期す君が鋭《と》ごころ

六月

理想の中学校教師像(二)

ねがい

坂村真民

ただ一つの
花を咲かせ
そして終わる
この一年草の
一途《いちず》さに触れて
生きよう

1日　職員会議

学校という処は、校長を中心として全職員が心をひとつにして、少しでも生徒たちの幸せと向上に努力すべき所ですから、随って教育に関する話し合いの会であり、そのためにお互いの意見を出し合う集りだといってよいでしょう。そこで二三の注意点は、㈠全員は少なくとも一回以上発言するように。㈡同一の問題に関し、同一人の発言は、三回以上さしひかえるように。㈢同一の問題を逆戻りしてくり返さぬように――というところでしょうか。

2日　生徒会

生徒会の運営には、七・八割くらいまでは、生徒会の役員たちに委せられるようでなくてはならぬと思います。だから自発的な空気の出てくるまでは、一種の解放段階と考えて、一々注意をしたり、止め立てなどしないようにするやり方でしょう。と言っても一定の限度がありますから、そこに指導のこつともいうべきものがあります。ところで生徒会の顧問としては、比較的年令の若い人と、その上に、相当年配の先生を配すというのが適当だということでしょう。

3日　クラブ活動

クラブ活動は、現在の中学校の生徒たちにとり、ほとんど唯一のオアシスのような喜びを与えているといえます。随ってクラブ活動の運営の如何は、生徒の実質的な教育の上に、じつに測り知れないものがあります。またクラブ活動では、上級生と下級生とが一体となり活動しますから、新たな人間関係の秩序が形成せられる可能性があります。と同時に、クラブ活動は、とかく度を越しやすいものですから、暴力沙汰をひき起さないことが何より大事でありましょう。

4日　遠足・修学旅行

遠足先の研究と下調べですが、小学校と違って、生徒の役員たちも連れてゆくがよいでしょう。そしてそのようなさいの指導こそ、生きた人間教育となるといえましょう。なお遠足のさいの大事な注意としては、昼食のベントウガラ、その他のあと始末をすることです。修学旅行についてですが、それについても、申し出したら際限はないでしょう。なかんずく大事な点は、教師の食事を別にせず、必ず生徒と一しょの席で、同じ物を食べるということです。

5日　非行生徒の指導について

非行少年の問題は、その原因が家庭における愛情の欠乏にあるわけですから、根本対策としては、結局、父兄を説得してその点について根本的に目覚めさす外ないでしょうがしかしそれが、どうしても不可能な場合は、教師自身が、どこまで親代りになって愛情を注いでやれるかの問題だといってよいでしょう。そしてクラスの者たちが、「あの君をあんなにしたのはわれわれの共同責任だ」と考えるようになり、クラス全体の空気を高めることが出来たら、最高です。

6日　不登校の生徒対策

何しろこの問題は、事物の性質上、断じて放っておけない問題ですが、さりとてまた、なかなか一担任教師の手には負えない場合が多く結局は、学校全体として腰をすえてかからねばならぬわけであって、校長として頭の痛い問題であります。そうした生徒を一バン温かく迎えて受け入れてやれるのは、何といっても担任教師の外にはないわけです。そしてクラス全員が、どこまで暖かく迎えるかということになりますが、担任教師の日頃の指導力の如何がこれを決定しましょう。

7日　純潔教育

敗戦を機にして、民族の性道徳が大いに弛緩し頽廃してきたといってよいでしょう。またいわゆる文明の進歩というものは、よほど注意しないと、人類の性道徳を弛緩せしめるおそれがあるように思われるのです。

最近、性教育と称して性の秘密が大ぴらに語られる、一種公開的な事柄は大いに慎まれるべきことです。

しかし少なくとも女生徒のメンスに関する知識と、その手当て法だけは、やはり専門家を煩わすがよいと思います。

8日　優秀な女教師を

私は、中学校においては、男教師七・五に女教師二・五ぐらいまでは増加するがよかろうと思うのですが、そのさい大事なことは、あくまで優秀な女教師でなくてはならぬと思うのです。㈠その人柄に気品があって、しかも㈡その教科の実力が、ふつうの男教師に劣らないということでしょう。これは現状では、けっして容易なことではないと思うのですが、いわば一種の絶対的要請ともいうべき事柄ですから、今後極力この方向にむかって努力する必要があるといえましょう。

9日　テレビ対策

テレビというものは、小型映画館が、各戸に常設されているようなものです。毎日、朝、昼、晩、スイッチ一つひねれば、いつでも見られるというところに、テレビの利便と怖さがあります。このテレビの問題は、家庭におけるひとつの生活規律の問題として、生徒ならびに父兄を指導すること以外にはなさそうに思います。

これへの対策としては、結局、家族会議をひらいて対策を話し合うより以外に、方法はなかろうと思うのです。

10日　新聞の読み方

新聞の読み方という問題は、社会科の教科と並ぶほどに重大な価値があり、さらにそれ以上だとさえ言えると思うほどです。随って中学教育においては、この新聞の読み方には、よほどの比重をおく必要があると思うわけです。そこで言いうることの一つは、朝刊夕刊において、それぞれ少なくとも、一、二ヶ所は、必ず読む習慣を身につけさすことではないかと思います。即ち時々刻々に転変してゆく内外の情勢を、どこか一つ二つのカギ孔からのぞくというわけです。

11日　人生指導としての進路指導

私の考えでは、進路指導ということは、そのまま実は生徒たちへの人生指導に外ならぬということを、一人ひとりの教師が、ハッキリとつかんでいることが大事だと思うのです。

そもそも人間がこの世に生きてゆくためには、何らかの職業に従事しなくては、物・心共に、現実には生きてゆかれないわけです。随ってその意味からは人生即職業、職業即人生とさえいえるわけであって、この点に対して十分な認識をもつ必要があると思うのです。

12日　進学する者のために

進学という問題については、極端に申せば、一年生に入った早々からこの問題を心底において生徒の指導に当ると共に、父兄に対しても、それぞれの時期及び段階において、必要な手を打つことを怠ってはなるまいと思うのです。

今ひとつ父兄側への注意として、もう中学生になった子どもに対して、顔を見たらただ「勉強せい!!勉強せい!!」というやり方で、子どもは勉強するものではないということを、十二分に納得さることが必要だと思います。

13日　就職する生徒のために

就職後の心得として、一体何が大切かと申しますと、第一に、最初就職した処は、どのようなことがあろうとも、三年間は変らぬというこの心がまえが何より大切です。次には、日常生活上の心がけについても、

㈠朝のあいさつは必ず自分から先に。
㈡返事をハッキリすること。
㈢ハキモノを必ず揃えて脱ぐように。
㈣必ずきっとやりぬくという「生活規律」をもつ人間になること。
㈤週に一回必ず親へハガキを出すこと。

14日　卒業後の指導

旧学級担任として大切なことは、卒業後の個人指導です。それというのも教育というものは、結局最後は個人と個人との心のつながりの外ないからです。そこで旧担任教師として一ばん大切なことは、「いやしくも卒業生からきた手紙に対しては、必ず返事をかく」という一ヶ条を、不動の鉄則として守ることです。ところが数ある教師の中には、せっかくむかしの教え子からの年賀状や暑中見舞を貰いながら、それに対して、ろくに返事も出さぬという人もあるようです。

15日　つねに社会的関心を

われわれ教師は、最低十年くらい先のことは、ある程度見通していることが大切だと思います。それゆえつねに民族ならびに人類の動向に対して、深い関心を向けながら、つねに現実の推移と変化を冷静に眺める立場といってよく、少なくとも教師としては、すべての人が、この種の立場に立ってほしいと思います。一つだけ言えることとは、資本主義体制と社会主義体制との両者がしだいに歩みより両者の共存が期待されることでしょう。

16日　日常におけるたしなみ

われわれ教師のように、いわば「口商売」で生きているものにとって、日常の黙々たる実践が問題となるといえましょう。先ず真先に、毎日の出勤途上に出逢う生徒に対して、自分の方から先にあいさつをすることでありましょう。

次に問題となるのは、まず「遅刻をしない」ということではないでしょうか。ですから教師としては、始業のベルが鳴ったら、すぐに席を立つということ、その際、椅子を机の下に入れることは、とくに基本的なたしなみといえましょう。

17日　仕事の処理について

どうしたらわれわれ教師は、事務的な仕事を、敏速かつ正確に処理してゆくことができるでしょうか。

㈠第一に大切なことは、「その日の仕事はその日のうちに」という鉄則を、全力をあげて守るということでしょう。それがため私は、学校へ居残って、仕上げるまでは、帰らぬという態度をとったものです。㈡次に大事なことは、いわゆる拙速主義ということです。㈢次に大事なことは、「仕事の順序を良く考える」ということでしょう。

18日　読書について

私が授業始めにしている書物紹介は、諸君らの卒業後、かなり先のことを考えてしているつもりです。

さてマスコミ抵抗の第一歩として、まず「週刊誌」を読まぬということです。そして中学教師としては、さし当り月に三冊ぐらいが読書基準と考えています。

最後に一日のうちの読書時間ですが、朝のひとときをこれに割くとか、また乗物の中で必ず本を読むとか、また下校前に少くとも三十分以上は、必ず読んで帰るとか等々です。

19日 上席教師の責任

この上席教師の心がけとしては、自分が若い世代の人びとと、校長教頭との間の橋わたしというか、潤滑油的な役目を果さねばなるまいと思うのです。即ちつねに学校全体の上を考えて、年長者と若手との間の、歯車のかみ合せを調節しつつ、一校全体を、一体どうしたらよいかと、つねに心を砕いているような人物は、他日校長の地位にでもついたとしたら、相当リッパな仕事のできる人物といってよいでしょう。

20日 若き教師の心がまえ

教師の基礎づくりについては、第一段階として奉職後満三年という辺であり、次は奉職後満五年、そして第三が奉職後満十年というふうに、考えられましょう。そこで中学教師としての二大任務は、結局のところ、自分の専門とする教科の教授法の習熟であり、今一つは、生徒の生活指導の研究という二つの問題にしぼることができましょう。そのためには、読書も大切なことで、卒業後三年・五年の間が、決定的な時期といってよいでしょう。

21日 縁の下の力もち

この「縁の下の力もち」ということは、一口で申せば、人に目立たぬところで、人のためにコツコツ努力するという意味のコトバです。諸君らも自治会や色々な催し事などで体験しているように、会のはてた後で、最後まで居残って跡始末をしてゆくような人がおられるものです。随ってこうした「縁の下の力もち」の貴さが分ると共に、わが身にも、多少は身につき、認めてくれる人はなくても、為すべきことを一所懸命にやる人間になれたらと思うわけです。

22日 転任について

わたくしは、原則としては、積極的に転任を考えない方がよいと考えるものです。それは、自分から動くという、そうした比較相対の考え方は、そこに心の隙間ができて、一種の危険がないとは言えないようです。それというのも、そこには選り喰い的な心理が働いて、そうした処からは、人生に対して、自己を賭けて取り組むという態度は、出てこないように思われるからです。しかしこれは、あくまでも「原則としては」という但し書きを忘れないようにして下さい。

23日　家庭生活について

教師の家庭生活として、何よりもまず願わしいのは、家庭の健康ということであり、次には経済生活の安定ということでしょう。そしてその上に、もし多少なりとも、教師の家庭らしいところが伺えるようでしたら、まずは最上の部に属すると言えましょう。

一体どうしたら良いかというと、毎朝家族の人びとが、朝のあいさつだけは欠かさぬ家庭をつくって頂きたいということです。そしてそれは結局主人としての諸君ら自身から始める外ないでしょう。

24日　生涯に最低一冊の著述を

諸君がこの二度とない人生を教育者として過す以上、何らかの意味で自分の足跡を記した書物を、少くとも最低一冊は、残すようにして頂きたいと思うわけです。諸君‼たびたび申してきたように、この人生は二度とないのです。随ってわれわれは、これを最善に生きると共に、その足跡を記録して、少くとも自分とゆかり深き人々の手に行きわたるようにすることは、考えようによっては、人間としての重大な義務といってよいでしょう。

25日 佳書紹介

☆**回想の芦田恵之助**　実践社

芦田先生の七回忌に生前先生とご縁のあったたくさんの方にその思い出を書いて頂いたものです。芦田先生は生前国語教授の大家であっただけでなく、深く教育そのものの本質をつかんでいられたことは、本書によって明らかなことです。

☆**岡田先生という人**　恩賀一男（神戸新聞社）

岡田五児先生は御影師範の教頭として終始せられたお方で著者の恩賀一男さんは岡田先生と一しょに永く勤めた人で岡田先生を終生尊敬せられたということはうるわしい美談といえましょう。

☆**エミール**　ルソー著　林謙二郎訳

ルソーのエミールがいかに卓れた教育書であるかについては今さら申上げるまでもありませんが、この訳がまたすばらしいのです。この訳書が出来上るまで、ちょうど四十年近い生涯を、この一書の完訳のために打ち込まれているからです。

26日

☆ **新井奥邃先生**

わが国のキリスト者のうちでも、私が最も深く尊敬しているお方なのです。私が初めて先生の名を知ったのは、山川丙三郎氏のダンテの『神曲』の序文に、先生の語録が載っており、それによって、はじめて先生のその名を知り、探しに探し求めて、先生遺著のあることを知ったのです。

☆ **回想の内村鑑三**　岩波書店

教育者たるものは、つねに「人間研究」というものに深い関心をもつことが大切だと思うのです。私がここにこの種の書物をご紹介するのも、まったくそうした気もちに外ならぬわけです。

☆ **現代訳　論　語**　下村湖人

下村湖人氏は、例の『次郎物語』の著者ですが、この人の人生観の根本は論語によってできていたようです。随って数ある論語の現代語訳の中では、この本が断然光っており、よくこなれております。

27日

☆**儒者の言葉**　吉川幸次郎

著者のひじょうに柔軟な頭脳によって、儒教のもつ真理性について、現代の立場から検討せられたものです。儒教もまた人類の至宝の一つであるかについての解明です。

☆**岡田虎二郎語録**　静坐社

これは岡田式静坐法の始祖たる岡田虎二郎先生の語録であります。私はこの本は、明治以後の日本人の語録の中でも、すぐれたものの一つだと考えています。

☆**みみずのたわごと**　徳冨蘆花　岩波書店

蘆花という作家を一ヶの生活者というか、ひとりの人間として考えてみると、なかなか面白い処があると思うんです。否、単に面白いというだけに留まらないで、研究に値するものと思われます。その点で、明治時代の作家のうちでは、露伴と並んで私が関心をもつのは蘆花です。

28日

☆ **草木塔** 種田山頭火 大耕社

山頭火は、私の考えるところ、維新以後はじめて芭蕉に迫りえた唯一の俳人だと思うのです。もっとも山頭火は自由律の俳人ですが、私の考えでは、自由律だったればこそ、よく芭蕉に迫りえたのであります。

☆ **八木重吉詩集** 八木重吉

わたしは詩集を読むことはじつに好きです。そのうち八木重吉詩集は、どこを読んでもいかにもキリスト教者らしい香りがします。そのほか中勘助の「飛鳥」に山村暮鳥の「雲」は私の好きな詩集でそのほかにもあまたあります。

☆ **石田先生事蹟**

とにかく私は、三十代の半ば過ぎごろ、この「石田先生事蹟」を読んで、真の教育者というものは、如何にあるべきかということを初めてこの本から教わったといってよいのです。

29日

☆**彦一頓智ばなし**（上下）　小山勝清

この本は一体どこがそんなに面白いかと申しますと、㈠純粋に日本的であること、㈡日本的なユーモアに充たされていること、㈢権力に対する一種の抵抗的な精神でつらぬいていること——です。

☆**吉田松陰**　奈良本辰也　岩波書店

奈良本氏の『吉田松陰』を紹介するは、松陰を革命家としてみようとする視点からです。外にも松陰研究は色々あって、いずれも教育者という観点が主だったわけで、それはそれなりに教えられたわけであります。

☆**妙好人因幡の源左**　柳宗悦

これは、柳宗悦さんが、ひじょうに苦心して、この源左の言行を集大成せられたものなんです。源左翁は因幡の片田舎で、無名の一農民として果てていますが、他力の信仰に徹して生きぬかれた方なのです。

30日

☆ **それからの武蔵**　小山勝清

　これは小説ですが大したもので、吉川英治氏のより良いと思うのです。「それからの」というは、例の巌流島の試合以後ということで、それから六十四才で肥後の熊本で亡くなるまでのことを小説化したものです。

☆ **茶　味**　奥田正造

　奥田正造先生は、高等女学校の教師として終始せられたのですが、独自の宗教的な女子教育をなされた方です。とりわけ茶道とくに平手前の作法によって教育せられた随一の教育者でした。

☆ **宮沢賢治と法華経**　森荘己池編

　宮沢賢治においては、文学的芸術的な天分と、科学的なものと、さらに老農的な篤実な人柄などが、どうして一人の人間の上に統一せられていたのか――について一種の解明を与える書物だと思います。

冬空に冴えてつらなる立山を
恋しみ思へどいつか登り得む

○

遙けくも湖《うみ》をへだてて伊吹嶺《いぶきね》の
真冬の姿清《すが》しかりけり

○

相知りて四十年を過ぎにけり
宿世《すくせ》の縁《えにし》というほかぞなき

七月

学校を生かし動かす者（一）

七字のうた

坂村真民

よわねをはくな
くよくよするな
なきごとというな
うしろをむくな

1日 「学校を生かし動かす者」

教育界の現状を見るとき、真に現場の実際を動かしているものは、必ずしも色々な教育理論や学説ではないようであります。もし端的に云うとしたら、校長たる人の人物のいかんが、ほとんどその学校の運命を左右し、さらに死活をさえ決すると申してもよいでしょう。

にも拘らず、そうした重責を果すに必要な用意と心がまえについて、一つの生きた体系的知見としてわが身に躰している人はきわめて少数といってよいでしょう。

2日 まず校門から

私は学校訪問の際のせめてものたしなみとして、車で玄関へ横づけにすることだけは、絶対にしないように心がけているのです。それは、私にとっては、学校という処は、やはり一種の「浄域」だという気もちが、心の底にあるからです。そうした意味で少くとも校長だけは、毎朝校門の処で、思いを新たにするようでありたいと思うわけです。

さて校門について思うことは、標札がなるべく粗末でないことが希わしいということです。

3日　玄関まで

正面の玄関前に、車廻しの築山などのある場合には、私は必ずそこで立ち留まり、それを作らせた人やそれを作った庭師の心をも、しみじみと見入る場合が少くないのです。車廻しは、なくて事すむことですが、掲示板はなくてはすまされないものでしょう。これは、全校の子どもたちに向かって訴えるわけですから、朝会の訓話以上に心すべきだと云えます。そこで私の何より気になるのは、そこに書かれている漢字に、フリガナがついているかどうかという問題です。

4日　校長室は全校の縮図

校長室というものは、全校の縮図であり象徴であって、一校経営の原型は、何よりもまず校長室に具現せられていると考えるものです。と申すのも、校長室でしたら、自分一ケの考えでどうにも自由になり、しかも毎日毎時、いつもその全容を見ることができるからです。では校長として注意すべき諸点はと言えば㈠校長机はなるべく簡素にして大に過ぎざるように、㈡校長室の装飾には、何よりも児童画をもってしたい、㈢校長の正面に、自分の尊敬する人の書幅を掲げたい。

5日　便所について

職員便所について、まず第一に大事な点は、つねに履物がそろっているように――ということでしょう。

とにかく私の考えでは職員便所の履物ひとつそろわない程度では、真の道徳教育など、とても出来るものではないと思うのです。次に子ども用の便所ですが、掃除の問題があり、履物の問題がありますが、もし校長さん自身が、当番の子どもと一しょになってやり出したら、またたくうちにリッパになること受け合いといってよいでしょう。

6日　廊下・履物箱

廊下の問題ですが、最近では学校建築もコンクリート建てになって、あまり問題はなさそうです。ただ、「どうしたら子どもを､廊下を走らぬようにできるか」ということです。

履物箱についてのお願いは、もし履物箱の前を通ったさい、子どもの履物の片方が落ちていたら、そのまま素通りしないで、必ず拾い上げて、もう一つの分と一しょにしておいてやるだけの親切心は、ひとり校長のみならず、すべての先生方にも持って頂きたいことです。

7日　教室を一巡して

父兄の参観日に一ばんの問題は、教室の奥の方が空いているのに、父兄のうちには、廊下に立っている人も少くないという現象です。すべての父兄を一人残らず教室内へ招じ入れることを眼目にして頂きたいのです。つぎに校長として点検すべきものとして、教室では、黒板と腰掛です。大ていの黒板が、まず七割前後は光るという事実です。さし当っては、玄人の黒板師に塗らすがよいでしょう。それだけの経費がなければ先生たち自身で塗る外ないでしょう。

8日　腰掛について

そもそも「腰骨を立てる」ということは、子どもたちの主体性を培う上で、私は一ばん大事なことと思うのです。ところで子どもたちの腰骨を立てさすために肝心なことの一つは、腰掛や机の高さを、子どもの身長とか脚の長さに応じて調節することだと思います。しかしこれは容易なことではないわけですが、現在あるがままの机や腰掛けを、あちこち移動させて、子どもたちに適合するように努力することです。これが教育者としての深い愛情と意欲と云ってよいでしょう。

9日　運動場

校長として赴任した翌日点検すべきものとして、「屋内では黒板、屋外では運動場」と考えております。ところで悪い運動場とは、雨天の翌日どころか、二三日たっても、運動場の一部にぬかるみがあって、運動場を使う気になれないのです。この問題にとり組むには、雨降りの翌日には、とりあえずぬかるみの箇所へ土を搬ぶのを怠らぬというために、あらかじめ運動場の四隅に土を積み上げておき、いざ雨が上ったら、ぬかるみの場所へ土を搬ぶわけです。

10日　「誠実」

一校主宰者の人間的資質として、第一に「誠実」という属性を掲げるのは私自身の経験的事実の全結晶であります。それはどういうことかと申しますと、誠実な校長というものは、部下をダシに使って、一身の栄達を計ろうとしない点にあると思います。

じっさい世間には、次つぎにはでな仕事をして、教育界の喝采を博してはいるが、しかしそれらは、部下を犠牲にした校長自身の個人的名利を主とする場合が、如何に少くないかということです。

11日 「肚」

校長としての第二の根本資質として、「肚」ということが考えられるかと思うのです。要するに人に長たる者としては、単に自分一人が誠実というだけでなくて、多くの人を容れるだけの度量の広さと共に、さらに一たん事が起った場合には、身をもって部下をかばうだけの一片の侠気がなくてはならぬと思います。そしてそのような包容力とか侠気とかが、一人の人間の中に融かされている状態を、われわれ日本人は、古来肚というコトバによって呼んできたと思うのです。

12日 「人生の探求者」として

教育という営みは、単に子どもたちに、そこばくの知識技能を授けるというよりも、むしろ人間として生きる態度のたね蒔きをすることこそ、その中心課題であると思います。そこから教師その人が、何よりもまず人生の一探求者でなければならぬということでしょう。このように教師自身、人生の一探求者たることが要請せられるとしたら、一校の主宰者たる校長その人に、それが要請せられるのは、まさに不可避の必然といってよいでしょう。

13日　指導力と統率力

校長として必要な資質として、さらに部下の職員に対する指導力と統率力という面が必要だと考えるわけです。それがためには、ある程度一つの教科に打ち込むことが必要であり、そこにはおのづから他教科についても、それを研究する態度なり、こつというものを会得しかつ指導することが出来るからであります。ここで申しそえたいことは、校長として自分の長じている教科については、なるべくそれをその学校の研究テーマに取り挙げないよう――ということです。

14日　管理及び設営の能力

手っ取り早く一例を申すとすれば、もしその学校の一部に、すでに使用期限の切れた老巧校舎があるような場合、校長としては、市町村の当局者と折衝して、少しでも早く、その改築の促進が出来るようでなくてはならぬわけです。こうした校舎の増改築のみならず講堂やプール、ないし体育館などの建築の場合にも、校長にその方面の知識素養があると否とでは、その出来上がりの上に、かなり大きなひらきが生じると云ってよいでしょう。

15日 明るさとユーモア

われわれ日本人は、今回の敗戦によって、初めて民族としての明るさというか、さらにはユーモアというものが、いかに大事な人間的資質であるかを教えられたと云えましょう。

そしてこれを身につけるには、ある種の努力が必要だとも云えようかと思います。しかしそのさい大事なことは、よほど気をつけませんと、とかくいやみになって、人々に不快の感を与えるおそれがないともいえず、さらに時として皮肉に陥る危険があるということです。

16日 健康法

真の健康法とは、元来身心の相即的調和を意味すべきであって、必ずしも一般に考えられている体育的方法と限らないようです。今日六十歳を越えて、人々が驚くばかりの健康に恵まれている根本原因は、㈠十五六才の頃から岡田式静坐法の影響によって、つねに腰骨をしっかり立てる努力をつづけてきたこと、さらに五十才を過ぎる頃から、㈡無枕安眠法及び㈢半身入浴法と共に、㈣飯菜交互咀しゃく法ともいうべきものを励行しているおかげといってよいようです。

17日 酒・金・女

ここに掲げたテーマで、いわば「楽屋裏からの校長論」ともいうべき一断面をつけ加えたいと思います。第一に問題となるのは、何といっても酒でしょう。酒くせが悪いとか、とかくただ酒を飲みたがるとか、というような評判が立つようではね。また金銭上の誤解を受けることのないように十二分に心すべきことでしょう。次に女の問題ですが、ある意味では、酒や金銭以上に、つまずく危険性が多いといってよいかも知れませんので厳に慎むべき事柄であります。

18日 職員との間柄

実際問題としては、毎日子どもたちと接触してこれを導くのが一般教師の任務だとすれば、校長としては、そうした一般教師に、どうしたら真実の教育がして貰えるかと苦心することこそ、その本質的任務といってよいでしょう。かくして校長の第一の任務は、部下のどの教師にも劣らぬほどの深い教育愛を胸に秘めつつ、日々の生活を、部下の人々と接触することによって、いつしかその人々のうちに、子どもたちへの教育愛が目覚めるようになることだとも云えましょう。

19日　人事の三原則

私のいわゆる「人事の三原則」を箇条的に列挙してみましょう。

㈠原則としては本人の意志に反して転勤させない

㈡去るものは追わず

㈢迎える時は絶対厳選

という三ケ条です。校長の人間的鍛錬は、この第一条によって可能ではないかと思います。第二条ですが、よくよくの事情あってのこととお察しするからです。第三条については、地教委の拘束が多いため、現在は守りにくくなっております。

20日　教頭との間柄

一つの学校において、校長と教頭とが、心を一つにしなければならぬということは、学校運営における一種の至上命令でしょう。そこで校長として教頭に対して、一たいどのように対したらよいでしょうか。校長たる人が、自己の協力者に対して、つねにその労を感謝することを忘れないということが根本だと思います。あくまでも人間的愛情と感謝をもって接すると共に、校長自ら守るべき事柄についてあくまで厳正にこれを守り行うということでありましょう。

21日　校務の分掌と職員組織

元来組織というものは、部分相互の間には、つねにある程度の相互制約的な趣を免れぬというのが、この現実界の鉄則です。ですから職員組織の上で、優劣強弱の差を認めながら、しかもそれを、ほどほどに相補うように配慮するということでしょう。尚、原則として、適材適所を第一としつつ、他面本人の希望をきいて、全校的立場の調和において決めるのも、一つの望ましいことでしょう。なお校務分担については、さらに負担の平均化をも考慮に入れるべきでしょう。

22日　職員会議

職員会議の司会は、廻りもちで職員の一人々々にさすべきだとも云えましょう。が一部の人々が校長の意図を無視して学校運営を、自分たち一部の者の意図する方向へ強引に引張ってゆこうとする処から、止むなく司会も教頭にせねばならないでしょう。

職員会議にさいしては、なるべくすべての教師が、一度は必ず発言するようになることが望ましいと思いますが、しかし各人がすべて喧々諤々の論を吐かねばならぬということではありません。

23日 問題の教師とその指導㈠

問題の教師と呼ばれるものにも色々あり、まず金銭上の事柄ですが、最近では、会計事務の統一と励行とが行届いていて、金銭上の誤りを少なくしていると言えましょう。次におこりやすい過ちは男女問題ですが、それが正常な恋愛関係なら、校長としても頭を痛める必要はないわけですが、男女のうち、何れか一方、ないし双方が、それぞれ既婚者という場合、学校長として、事を未然に洞察して、一方または双方を引き離すような人事の処置を講ずる責任がありましょう。

24日 問題の教師とその指導㈡

なお問題の教師として、困るのは暴力教師の問題で、とかく新聞沙汰になりやすいわけですから、特に心痛むわけですが、自分の平生の指導監督の不行き届きに対する反省が何より大事なことと思われてなりません。

なお「問題の教師」としては、思想的偏向のある教師でありまして、こうした教師に対処する校長の態度としては、そうした教師の現在読んでいる書物を、校長自身借りて読むということが一ばん手取り早い対策と思われます。

25日　派閥問題について

学内の派閥にも、いろいろな種類がありましょう。

そこでまず校長自身が、いわゆる学閥を超越して強く生きるという、自己の根本態度を確立する外にないと思うのです。私は旧名古屋師範を出て広島高師から京都大学に学んだものですが、ついにそれらの何れの学閥とも全く無縁に、自己一人の道を歩んで今日にいたっているわけであります。その他に一種のグループ的対立が考えられますが、校長としての人間的手腕が問われると言えましょう。

26日　女教師

私としては男女教師の比率について、小学校では男教師六割、女教師四割辺をもって、ほぼ適正な比率と考えております。なお中学教育を本格的に軌道にのせるためには、もっと多くの優秀な女教師を、中学校へ送り込む必要があると考えるものです。さて校長の中には、ともすれば女教師の指導は苦手だという人が多いようですが、私としては、上席女教師に、できるだけ優秀な人材を迎えるのが、比較的効果のある途ではないかと考えるのです。

27日 現職教育

このコトバは、学生時代に受けた教育との対比からして、卒業後すでに現職にある人々に対する教育の謂《い》いでありまず。とりあえず小学校の先生はもとより、教科担任制の中学校の先生たちも、何か一つは自分の研究テーマをもつ必要があるということです。私は学校の教師は、夏休みには必ず自分が平素研究している成果をまとめるということが、夏休み中の重要な一行事であってほしいと思います。私の夏休みの銷夏法としては、物を書くということが最適なように思います。

28日 研究授業と研究発表会

校内研究会の教科が決まったとして、それにはやはりある程度指導者を必要とすると云えましょう。なお研究会の回数として、最小限、月に一回は望ましいと思います。次に対外的な研究発表大会ですが、府県や市などから天降り的に、「今年と明年の教科の研究を引き受けてほしい」など言われた場合、すぐにその場で引き受けないで、「一度職員にはかった上で改めてお返事を――」とでもいう程度の主体性は、校長たる以上は、どうしても欲しいものだと思います。

29日　出張と職員旅行

校長の出張については、原則として、なるべく控えられるだけ控えるがよいと考えます。とにかく校長が自分の体を学校へ置いていること、そして、全校を黙々として見廻っていることが何より大事だと思います。次に職員の研修出張ですが、実費の全額を学校負担とし、他は希望に応じてせめて、半額だけは、何とか支給できるようにということです。職員はせめて三年に一回くらいは、遠隔地への研究視察に出かけられるよう、校長としては考慮すべきだと思うのです。

30日　職員の親睦及び慰楽

たとえば有志の人々による論読放談会とか、あるいは男女職員が楽しめるような運動競技あるいはまた、コーラスの会だとか、写真のコンクールのようなもの、さらに処によっては盆栽や小鳥の趣味が、その学校の職員の間でひじょうに盛んだという処も見受けられます。そして校長としては、そうした職員間の親睦及び慰楽を中心とする諸行事に対して、教育上弊害を伴わない限り、できるだけ協力応援することが望ましいと思われます。

31日 宴会について

酒宴の席というものは、それぞれに一種の解放感を与えるところに、その独自の意義があると云ってもよいでしょう。随っていまかりに適度の回数といったら、まず学期に一回とし、年に三四回ではないかと思われます。次に宴会のさい留意すべき点は何かというと、職員各自の自弁という建て前を厳守することが大切だと思います。次に宴会で心がけたいことは、校長として宴会の席では、職員に対して説教めいたことは一切言わぬということでしょう。

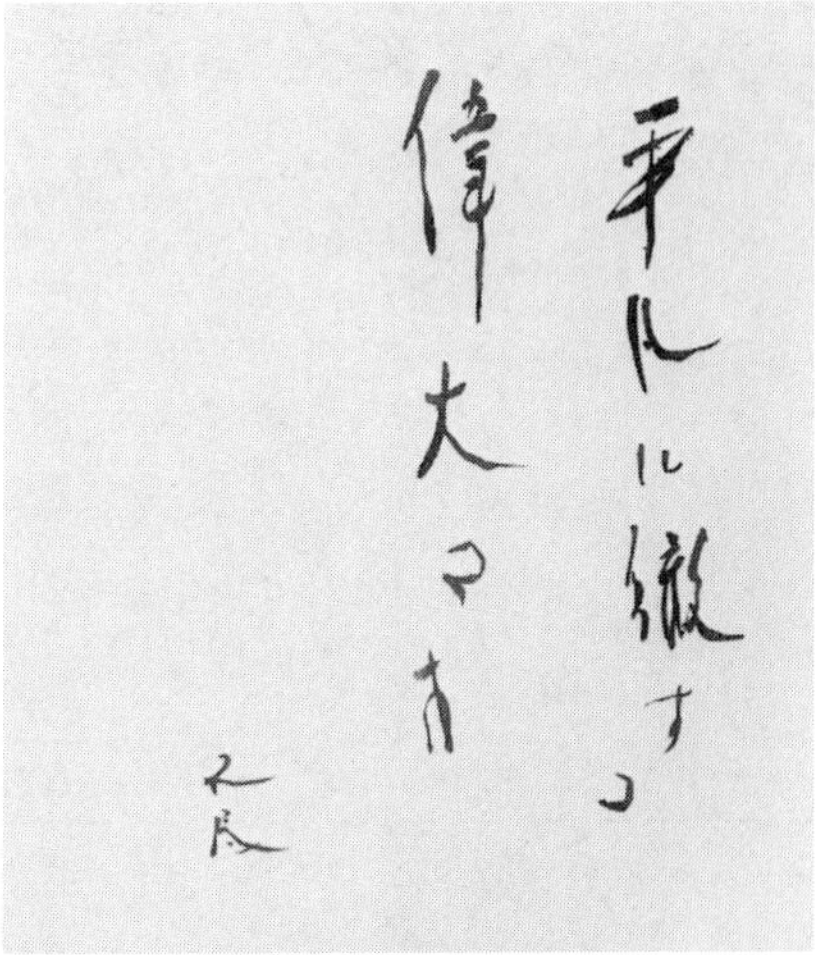

平凡に徹する偉大さを　不尽

縁《えにし》ありて君と相知りし奇《くす》しさを
一世《ひとよ》をわれの忘れざるべし

○

文字という鑿《のみ》もて刻《きざ》む君が文《ふみ》
さながらにして佛師のごとく

○

卓《すぐ》れたる才《さえ》持たせつつ自《し》が光
おのれ隠《おく》ろひて世に知られじな

八月

学校を生かし動かす者㈡

今

坂村真民

大切なのは
かつてでもなく
これからでもない
一呼吸
一呼吸の
今である

1日　校長と児童及び生徒

たとえ校長となってからも、平素つとめて子どもや生徒と接触するよう、あらゆる機会を生かすことが望ましいと思います。まず第一に、何といっても朝の登校時におけるあいさつだけは、必ず欠かさぬようにありたいものです。次には学校朝会の席で、よほど特別の場合でなければ、なるべく話はしない方がよくはないかと思います。次に児童生徒との接触は、まず補欠授業というものでしょう。時には人生の生き方について話すのも、かえって永く印象に残ると云えましょう。

2日　問題児と校長(一)

いわゆる問題児とか問題の生徒の指導については、どうしても校長自ら責任を以って、大いに担任教師に協力する処がなくてはならぬと思います。さし当たって問題となるのは「物言わぬ子」であり、これは遺伝的な内向性による場合が少なくなく、次に問題となるのは「盗癖の子」といってよいと思いますが、この盗癖については家庭における愛情の欠乏にあることは間違いなく、次に知的障害児の問題で、担任の労苦に対し、校長みずから深い配慮が必要だと思います。

3日　問題の生徒と校長㈡

　中学校における「問題の生徒」は大別すれば、結局、非行少年問題と、今一つは長欠の問題とにしぼることができましょう。なお問題生徒の発生する原因は、家庭における両親の愛情の欠乏であり、今ひとつは、勉強がわからぬことからくる劣等感からくるわけで、校長が常に声をかけてやり、何か作業的な仕事をやらせて自信をつけさすことは、ひじょうに効果があるようです。

4日　進学と就職

　進学や就職に対して、学校としては、世間的な学校の名誉とか、校長個人の面子などよりも、すべてを生徒本位の立場で考えなければならぬと思うのです。しかし教育の本筋から、ある程度入試にも合格し得る実力を、身につけさせねばならぬことが肝要です。次に就職組の方へは、校長みづから少なくとも週に一時間くらいは顔を出して、大いに激励してやって頂きたいと思います。とにかく学校長としては、就職組に対して、とくべつの愛情を注いでやって欲しいものです。

5日　ＰＴＡの役員

ＰＴＡの会長以下役員たちと、いかに接衝し応接してゆくかということは、校長としては、かなり心を遣うと同時に、そこにはまた校長の対人関係の手腕も、発揮せられると云えましょう。そこで申上げたいことは、選挙運動にだけには捲き込まれぬだけの心がまえが大切と思います。

今一つは、人事に対する干渉についてです。即ちいやしくも人事に関する限り、たとえ会長であろうが、副会長であろうが、断じて聞くべきではないでしょう。

6日　父兄との接触

いわゆる問題児については申すまでもありませんが、進学就職等について、担任だけでは解決しにくい場合、校長自身も適宜父兄の説得にあたらねばならぬわけです。

その外にもいわゆる問題の教師が暴力を揮った場合など、もちろん校長自身、その折衝に当らねばなりませんが、そうした場合、担任教師を呼び出して、父兄に詫びさすことは、絶対にこれを避けたいものであります。

7日　卒業生・同窓会

同窓会の結成にあたって、この卒業生の会員名簿の作製こそは、一切の根底となる重要な事柄だと思うのです。ところで、これは口では簡単にいえますが、いざ実際に事を始めようとしたら、これまた容易ならぬ大事業だということがお分りになりましょう。田舎の農村地帯の学校でも、予想以上に厄介な問題といえますが、それが都会地の学校となりますと、その困難さは、おそらく幾層倍するといっても、なお足りないほどかと思われます。

8日　文書の処理と会計

戦後、とくに地方教委ができてからは、文書煩雑の傾向がとくに著しくなったかの観があります。さしあたり文書の扱い方については、第一が正確、第二が迅速にということであって、少くとも期限は絶対に遅らさぬという三つといってよいかと思います。

また会計についてですが、一たん間違いが起きれば、その受ける傷も深いことゆえ、校長としては、根本的な対策を講じて、絶対に過誤の起きないよう、万全の手を打つ必要があると思います。

9日　学校行事について

この年中行事については校長として、とくに注意すべき二・三の事柄について申しておきたいと思います。農繁期などと同様に運動会の練習の期間中だけでも、「午前五時間制」を実行することにして、午後は心置きなく練習に当てるようにすると共に、今一つは運動会をなるべく早目にすませて、落ちついた気持で、秋の学習に取り組めるようにと思います。なお、注意事項として修学旅行中に、引率教師が酒を飲むということは厳に慎しむようにしたいと思います。

10日　事故の発生と応急処理

校長の人間的力量は、ある意味では、その学校に事故の発生した場合、これに対する応急処置の如何によって測ることができると思います。それがためには、学校関係で発生しやすい事故について、あらかじめハッキリ突き止めておくと共に、事故に処する対策について、平生からよほど心得ているのでなければ、イザという場合戸惑って、帰らぬ悔いを残すことになります。ですから修学旅行なども、本来校長自身が全責任を負うて引率すべきものです。

11日　用務員への心がけ

用務員の仕事は、われわれ人間の人体にたとえてみますと、ちょうど足の裏にも比すべきものだと云えましょう。ですから校長として、用務員の任務の重大さを、どこまで認識できるか否かです。校長としては、なるべく朝登校して、まず用務員室をのぞいて、ちょっとあいさつしてから校長室へ――というのが望ましいと思います。用務員への要請としては次の三ケ条です。㈠火災の予防　㈡子どもを大事にしてほしい　㈢学校内の事柄を外部にもらさぬこと――でしょう。

12日　校長の講話

校長の話が、とかく平板に流れやすいのは、教育界というものが、実業界や政治界などと違って直接生なましい実社会の鍛錬を受けることが少ないからです。

そこで、どうしても話さねばならぬような場合にも、話の内容を圧縮して、なるべくコトバ数を少なく話すようにしたらと思うわけです。全校朝会における校長の話も、なるべく控える方がよく、職員朝会には、主として教頭に話させて、その要ありと認めた場合のみに話すというようにしたらと思います。

13日　教育委員会との関係

校長職にある人々としては、教育委員会に対して、一たいどのような態度を持つべきでしょうか。現状のように、ただ上から下へと、名目はともかく、実質上の指揮命令が流されるだけという現状では、どうしても校長たる人々の自主性とか主体性がなくなりがちです。しかし同時に、校長たる人には、自分の学校経営に関しては、つねに教育委員会側の理解をうるような努力を怠ってはなるまいと思うのです。

14日　校長会と教員組合

校長会は、校長相互間の融和と親睦のためばかりでなく、公的な面として、多年教育界の懸案となっている教育上の諸問題に対し、その解決への有力な推進母体となることであります。それに対し、教員組合というものは、教育界のために、いつまでも従来の行き方では、いささか幾多の疑問があるといえましょう。そのためにも、校長会は、教職員組合との間に、つねに一種の相補的な関係において、その存在意義があるともいえましょう。

15日　校長と社会学級

校長の社会教育に対する協力として、いわゆる社会学級とか、婦人学級、母親学級などの名称で呼ばれているものです。ところで民族として最も大事なことは青年学級であり、小・中学の校長に期待せられるものは、じつに絶大なものがあります。そのほか、「父親学級」さらには「老人学級」があり、今や不可避の段階に達しているといってよいでしょう。しかも校長の社会教育への協力は、在職中のみに留まらず、退職後も、できるだけ奉仕に努力すべきだと思うのです。

16日　校長と家庭生活

校長職というものは、人々がふつうに考えているより、遙かに多くの重荷を背負っているわけですが、さらに私生活の面でも、種々重荷を背負っている人々もあられるわけです。ところが、そうした家庭苦の重荷を負うている校長さんが、そうした内外の二重の重圧のために、打ちひしがれているかというに、私の知っている範囲では、むしろそうした家庭的な重荷を負うている校長さんのうちには、じつに尊敬すべき教育的成果をあげている人が少くないということです。

17日　趣味について

いやしくも人の上に立つ者としては、何らかの意味で心のゆとりが欲しいと思うしだいです。総じて人の上に立つ者は、何か一つくらいは、趣味があってほしいと思うわけです。では校長としてふさわしい趣味とは、第一、自分一人で楽しめるもの、次に遠方へ出かける必要のないもの、第三に、下品でないこと――。

そうした立場で考えると、盆栽や園芸、小鳥や犬猫の飼育、謡曲や書道とか写真も望ましい趣味の一つといえましょう。

18日　退職後の生活設計

農家の長男で家に田畑のある人は、それを耕して食料を確保することが第一であって、そこで問題なのは、都会地で職を退き、退職後も都会で生活しなければならぬという人々の場合でしょう。

こうした人々の中には、生命保険の勧誘員になって、旧部下や、かつての日の教え子の処にまで出かけて、人々のひんしゅくを買っている人も少くないのです。

私の考えでは、子供たちの予習復習の相手をする方法もあるではないかと考えるしだいです。

19日　朝の出勤

私はやはり校長の出勤は、できるだけ早いがよいと考えるものです。それによって学校全体の空気が、おのずと引きしまってくるからであります。

その上、道で出逢う子供や父兄たちへ、朝のあいさつをしつづけることです。

そしてまず用務員室をのぞいて「やあお早う、ご苦労さん」とあいさつをすることでしょう。

ついでながら校長が校長室で新聞を読むことだけは、避けたいと考えるものです。

20日　二つの朝会

朝の職員朝会は、短ければ短いほどよく、できれば八分以内くらいで切り上げられたらと思います。

次に全校朝会ですが、戦前はどんな学校でも毎日必ず行ったものですが、現在では、週に一二回程度が多いのではないでしょうか。ところでこの際注意すべき事柄は、㈠集合の合図と共に、校長はじめ全校の教師が直ちに運動場へ出向くこと、㈡集合の合図はなるべく音楽が望ましいこと　㈢校長の訓辞めいた話はなるべく避けて、通達事項を主とすること。

21日　朝の巡回

とにかく人に長たる者として、一ばん心して努むべきことは、この絶えざる巡回視察ということではないでしょうか。校長は最小限日に三回は校内巡視を、時間を決めて行うことが望ましいわけです。第一回は全校朝会のあと、二回目は、昼休み後と、そして最終の下校のさいとに、全校を一巡してほしいと思います。私の考えでは、一切教室の内をのぞかないようにということです。校長の校内巡視は、その学校の職員全体に与える影響は、甚大なものがあると云えましょう。

22日　朝一時間の読書

人間は自分が忙しくなり、とくに責任の地位につけばつくほど、読書に対して真剣にならねばならぬと思うのです。朝会後引きつづき全校一巡を終えたさい、校長として一たい何をしたらよいかといえば、私でしたら、それから一時間程度を、朝の読書に当てたいと思います。まず第一に場所の問題ですが、第一には、校長室というよりも、結局、図書室ということになりそうです。かくしてその一時間ほどの間、特別の来客でない限り、原則として読書に没頭するわけです。

23日　来訪者の応接

校長として、対人的な応接にさいし、まず根本的な心がまえとして相手の地位や身分によって、態度を変えないことです。いま校長室への来訪者を大別しますと、㈠広義の上司ともいうべき人々㈡PTAの役員㈢一般の父兄㈣一般校区の人々㈤出入りの商人㈥地方の小新聞記者、その他の人々、といった方々です。そこで来訪客のない場合の心得としては、㈠なるべく補欠授業にすすんで出かけるがよく、㈡落ちつかぬ時間帯でも、書物を読むように――ということです。

24日　昼休みの生かし方

昼休みにおける校長の過ごし方として、私は子どもたちとの会食を挙げたいと思います。即ち一度に五人前後の子どもが、校長先生と一しょに食事をするわけです。そうしたさい招かれる子どもは、卒業学年の子どもで、これは子どもたちにとっては、最も忘れ難い思い出となることでしょう。校長たるものは、一日に一度は必ず運動場へ出て、少なくとも子どもたちの遊んでいる様子を見るだけは、どうしてもしなければと思うのです。

25日　午後の校内見廻り

私の考える午後の校内巡視は、朝の巡回のように、校舎の内部を見て歩くのではなくて、朝行けなかった建物以外の箇所を見て廻るわけです。そして第一、校庭の樹木をみて頂きたいのです。校長というものは、むしろそうした校庭の樹木などと取り組むことによって、人間的にも磨かれるものだと思うのです。午後の校内巡視のさい、物置の内をのぞいてみたり、また時には便所のうしろを見廻ってみるがよいでしょう。こうして校長のなすべき仕事は無限にあるわけです。

26日　掃除とそれ以後

校長としては、掃除の時間になって、校長室の掃除が大たい軌道に乗ったとしたら、次には全校の掃除状態を見廻るのが当然だと思います。またこれが「校長の一日」の行事の中でも、一つの重大なキーポイントといってよいでしょう。いま全校動員の掃除体制を実施するにつき大事な点は、参謀本部の掃除主任が、卓抜な人物でなければなりません。つぎに掃除道具が充実完備していることです。もしそうでなかったら、何もしないでブラブラする子供が続出するわけです。

27日 下校の前に

校長の下校時刻は、大たい教頭と同じ頃に――と考えています。もちろん、教頭には自分の仕事さえすめば、たとえ校長はまだ残っていても、何ら気がねなく自由に帰るようにすべきです。なお下校時にもう一度、校内一巡をしたいものです。現状としては、これをやり通す人は比較的少ないかと思いますが、この下校前の全校一巡こそ、その日の最終的な締めくくりとして、おそらくは最も意義深いものがあると思うのです。それによって色々のことを教えられるからです。

28日 校長と転任

私は「校長は同一校にまず六七年――」と申したいのであります。ところが実際問題としては、多くは三四年か四五年くらいで、転任させられているのが、わが国教育界の現状といってよいでしょう。このような短期転任の現実を踏まえつつ、㈠いつ転任させられるか分らぬことを、心の底に忘れず、一日といえどもウカツに過さない覚悟と、㈡あまり長期の計画よりも、毎年の目標を定め、積み上げて行く考え方――をとるように。

29日 退職

校長になったその日から、この公生涯の最後の日の来るべきを、何人も覚悟しているべきだともいえましょう。私自身は、戦後海外から引き揚げると共に、自後七年の永きを、浪々のうちに過ごし、のち神戸大学教育学部に奉職することになったときは、すでに五十七才でしたから、じつは着任のその日から、すでに停年退職のことを考えずにはいられなかったわけです。それというのも、奉職から退職まで、わずか七年の歳月しか無かったからであります。

30日 校長の晩年

少くとも「校長の晩年」というコトバによって連想するものが、私の場合、教育長とか教育委員、その他、種々の華々しい活躍をしている人々の姿でないことは事実です。では私が「校長の晩年」というコトバによって思い浮べるのは、それは一種言いようのない寂しさです。すべて去りゆくものの姿は、なべてこの寂しさを免れることはできないように思われるのです。いま旅の途次においてめぐりあえた四人の無名の真人をわずかに思い浮べることができるのみです。

31日

生涯に少くとも一冊の著述を

私は、齢六十にしてはじめて「人は子孫のためだけにも、みずからの自伝を書く義務がある」ということに想い到ったのです。ほんとうに、人々は自分の祖父はもとより、自らの親についてさえ、その生涯がどのようなものであったかを、十分に知ることは困難だと云ってよいでしょう。いわんや生を教育の道に求めて来た人々にして、自己の生涯の足跡を記して、これを後にくる人々に贈るということは、思えばまさに一つの重大な義務というべきではないでしょうか。

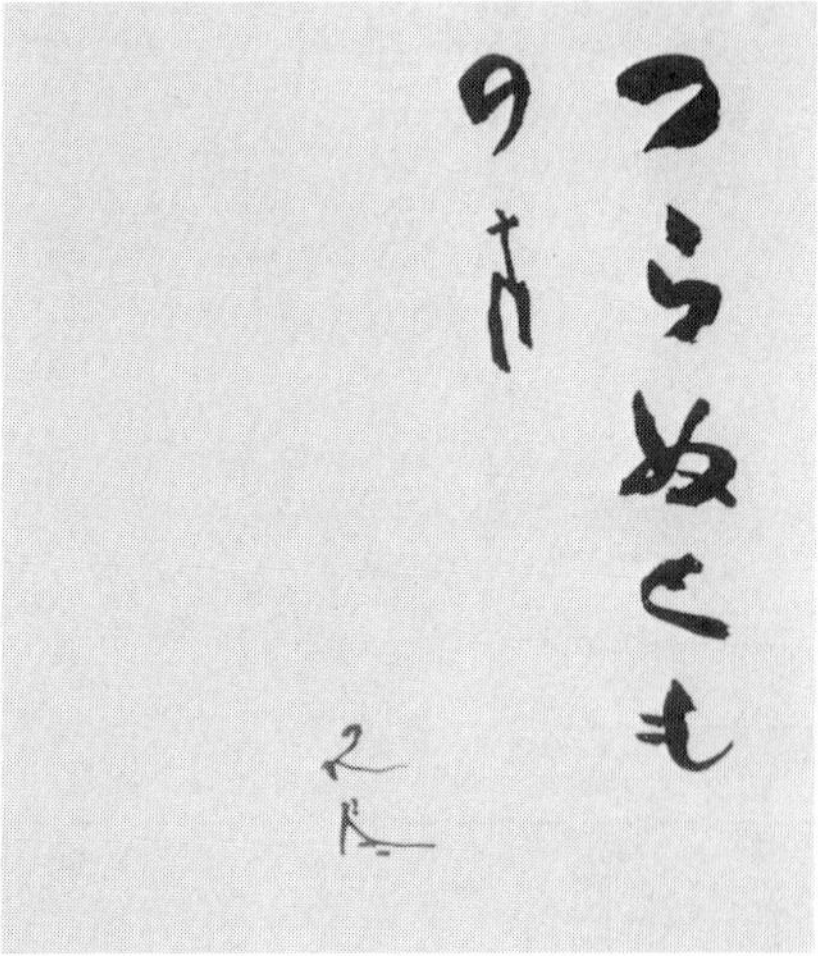

つらぬくものを　不尽

病む妻を遠地に置きて旅をゆく
夕べとなれば雪降り出でぬ

○

これやこの旅に明け暮れする日々を
運命《さだめ》と思ひて生き行くわれか

○

つひにして着きにけるはや雪深き
中に埋もれる職員住宅

九月

教頭職の立場

かなしみはいつも

坂村真民

かなしみは
わたしたちを強くする根
かなしみは
わたしたちを支えている幹
かなしみは
わたしたちを美しくする花
かなしみは
いつも湛《たた》えていなくてはならない
かなしみは
いつも噛みしめていなくてはならない

1日 「無我」の修業期

わたくしは教頭としての最根本的な本質は、無我的修練に徹する点にあると考えるものです。しかし「無我」といっても、それは永い歳月坐禅の修業をして、「無我」の悟りを体得するというのではなくて、現実の学校制度の下に、わずかに一枚の辞令を受けると同時に、無我的修業の第一歩を踏み出すわけでありま す。自後日々展開する一切の仕事は、ことごとく如上の無我的修練と心得て、それと取組まねばならぬわけであります。

2日 教頭職の困難さ

教頭職の難しさは、その仕える校長の型から来るもののようです。もし校長が、事を委せるタイプの人であって、根本の教育方針はともかくとして、一々のこまかい事柄については、すべて教頭に一任するというような校長に仕える場合は、教頭は万事積極的に行動しなければならぬわけで、それとは逆に、もし校長が積極的な性格であり、さらに独裁型の人の場合は、教頭はもっぱら校長の命に従って、どうしても受動的消極的たらざるを得ないからです。

3日　教頭の立場

教頭の任務について、対人的観点から考えますと、第一教頭は校長に対して、何よりも「良き女房役」でなければならぬでありましょう。教頭は平生は「縁の下の力もち」としていわば下から全校を支えているわけですが、一たん校長が不在となれば、教頭は校長の「代行者」として自ら全責任を背負い、この処理に当らねばならぬわけであります。また校長と部下職員との間の調整役で、教頭の力量のほどがうかがえるわけであります。

4日　職員の相談相手

教頭は、一方では校長の「良き女房役」であると共に、さらに部下職員にとっては、暖い「母親代り」ともいうべき一面がなくてはならぬわけであります。即ち職員としては、一々校長に相談する事はしにくいが、教頭にならば比較的気軽に、相談出来るようでなくてはなりません。それは、ひとり公務上の事柄だけでなく、時には家庭的な私事に関しても、気軽に相談相手となれることが望ましく思います。教頭は、さらに指導と助言を与えることも重要な任務の一つと云えましょう。

5日　交響楽の指揮者

教頭職は、いわばオーケストラにおける指揮者に似ているということであります。即ち一校の運営に関して作曲するものを校長とすれば、そうした楽曲を、全校の職員に見事に演奏させるか否かは、ひとえにオーケストラの指揮者たる教頭の手腕力量によらなければなりません。即ち一校の経営案としての校長の作曲が、いかに立派であっても、もしオーケストラの指揮者たる教頭の指揮がへたな場合は、せっかくの立派な作曲も、まったく台なしなってしまうわけであります。

6日　外来者への応接

教頭としては、幾多の重要な仕事のうちでも、書類の処理の重要なことは改めていうまでもないが、外来者への応待の問題も重要な教頭の一任務と云えましょう。一口に外来者と言っても、第一にいわゆる校下の有力者と称せられる人々であり、ＰＴＡの会長及び役員その他これに準ずる人々であり、次には父兄であり、つぎに一般商人でありましょうが、相手が出入り商人だということから、ぞんざいな態度に出る教師もないともいえず、平素から適宜指導が望ましいわけです。

7日 まず校長を知ること

教頭の校長に対する心がまえとして、何よりもまず校長その人の「人柄」を知ることでありましょう。単に校長の個人的な性格ということだけでなくて、さらに校長その人の教育観から、できればその背後の人生観を知る必要があると云えましょう。たとえば、その人が現実主義者だとか、あるいは理想家肌の人だとか、ないしは地味に着実に、教育の本道を歩もうとしている人か、要するにその人の体に根ざした生得の気質・性格をいうのであります。

8日 最難のケース

教頭として一ばん困難な問題がかつての日の同級生であったり、あるいは自分より二・三年下級だった人の場合であろう。以上二つのうちでも、新校長が同級生だった場合のほうが、校長としては、はるかにやりにくいことであろう。いずれの場合にしろ、人間は一生のうちに一度は、このように、かつての日自分より下級だった人の下に仕えるような経験によって、はじめてイモに火が通るわけであって、どうしても一度は、こうした煮湯を潜らねばならぬようです。

9日　学級担任と事務分掌

人事に関し、教頭の補佐すべき事柄についてですが、㈠学級担任の決定と㈡事務の分掌および、㈢職員の転出入の問題でありましょう。㈠の学級担任については、必ずしも個人の希望を主とせず、原則としては①三・四年生には、全校で一ばん老練な教師を配当するのみならず②優秀な女教師には、なるべく高学年を担任させる等々で、事務分掌も、有能な人物には、とかく仕事が重なりやすいものゆえ、できるだけ仕事を分散させることも心掛けるべき事の一つです。

10日　三つの不祥事

校長の不在中、教頭としてその処置のもっとも重大なのは、㈠校舎の火災と、㈡校内における児童生徒の大怪我ないし、㈢交通禍などによる死亡の場合であろう。それゆえ教頭としては、平素からその際の処置については、つねにその対策を練っておく必要があるであろう。㈠の火災の場合には、⑴非常火災急報の一一九番に電話すること、⑵重要書類の持出し、⑶警備会社との連絡急報等であり、㈡の児童の場合、即時最寄りの病院へ応急処置と、父兄への急報であろう。

11日　全体的視野に立って

一校管理の重責にある校長と教頭とは、つねに全体的視野に立って、物事を考えねばなりませんが、校長の心眼の中には、つねに教委と父兄という両者の間にある全体像の消える時がないのに対して、教頭のいだいている視野は、直接的には学校の内部的全体といってよいでありましょう。ですから学校の内部に関しては、教頭は校長以上に、細大洩らさず知悉していなければなりません。たとえば、同学年における学級差の問題についてもであります。

12日　教頭としての留意点

「全体的視野に立つ」という教頭の任務は、多岐にわたるもので、具体的には、たとえば全校一せいの掃除体制の場合、仕事の分担上に、不公平がありはしないかという点なども、直接的にはもちろん清掃主任の責任であるが、しかし教頭もまた心を配る必要がありましょう。なおとくに会計関係に関しては、教頭はふかく留意して、根本方針については、よく校長と話し合って確立すると共に、その点検についていては、期日を定めて確かめる必要がありましょう。

13日　職員朝会と職員会議

職員朝会は、厳に通告連絡だけに限定すべきもので、できるだけ短時間で終了すべきものです。ですから八分から十分見当が適当でしょう。つぎに職員会議について大切なことは、全員が自由に話し合うような雰囲気を醸成することで、全員が少なくとも一度は発言すると共に、同一問題について一人で三回以上発言することは、原則としてさし控えることでしょう。つぎに司会者ですが、教頭がこれに当たり、かりに意見の対立を生じた場合にも、適宜調整できますように。

14日　用務員に対して

用務員は、学校全体の運営の上からは、いわば脚のようなものであり、時に足のウラのような役割りといってよいでしょう。随って教頭と用務員との間には、その役目の上に、一脈相通じるものがあるともいえましょう。それゆえ用務員に対してもっとも深く配慮すべきは、実に教頭というべきでありましょう。教頭は朝登校するや職員室の自席に落ちつく前に、まず用務員室をのぞいて、朝のあいさつを交わすくらいの心づかいが必要であります。

15日　職員室は全校の縮図

いま「職員室は全校の縮図」の一語をもって要約できるのではないかと思います。それは結局、直接子どもの教育に携わるのは、外ならぬ担任教師だからであります。それゆえ職員室の雰囲気については、校長よりも教頭のほうに、よりその責任があるといわねばならないでしょう。もちろん校長の影響なり責任がないというのではありません。ところで職員室の雰囲気は、単に明朗というだけでなくて、そこに一種の活気が充満していることが望ましいと思います。

16日　事務処理の問題

スイスの哲人ヒルティーは、その著『幸福論』にも、事務処理の問題をとり上げております。さしあたっては、事務に追われぬ人間になることを、単なる枝葉末節の事柄と考えないで、むしろそうした点にこそ、もっとも大切な人間修業の一面のあることを知るべきでありましょう。では事務処理における根本原理は何かというに、それは何としても正確と敏速でありますが、正確を期することは、事柄の本質であることは申すまでもありません。

17日　経理はとくに厳正に

教頭は全校の事務組織の中心に立ちながら、その全体的統轄の責めに任じなければならぬでしょう。とりわけ経理会計関係の事務は、事柄の性質上、何より重大といわねばなりません。第一は、生徒から徴収する金銭の処理ですが、生徒からの集金が、提出日に全部そろわぬことから教師がその金を手許に持っている処に、過ちの根因はあるようです。そこで、当日の全集金額を、「その日のうちに」銀行に納金するというのが、比較的好ましいと言えると思うのです。

18日　施設関係への配慮

教頭としては、つねに校舎の内外を巡視して、修理を要する箇処については、平生からよく見ておいて、修理の順序や費用の概算なども調査しておく必要がありましょう。また平素の校舎外の巡視によって、こわれた物品とか、余分な物品をそのまま放置しないで、それぞれ処置する必要がありましょう。とくに物置小屋の中とか、階段下の物置場などに当てはまる事柄であります。では、教頭の巡視については、㈠朝登校した直後と、㈡次に全校の掃除開始の際がよいと思います。

19日 教頭と補欠授業

教頭が単なる「事務屋」だけでよいとは云えません。そこで学校という処は、子どもを教育する現場である以上、教頭も子どもとのつながりをもちたいものです。

ですから「補欠授業」について、わたくしは、「事務の進行上、何とかつごうがつくようなら大賛成!!」というわけです。しかし教頭の仕事が忙しくて、補欠授業にすら行けないという学校がほとんどですから、せめて、朝登校のさいに出逢う子どもたちに、必ず「あいさつ」を怠らぬことが望ましいと思います。

20日 学校行事と教頭

学校行事は、正しく運営せられたならば、いわゆる教科学習では学ぶことのできないような、重要なものを与えることができるようであります。

即ち全身心の活動を通して、全人的な錬成をさせることができるわけです。だがそれだけに、学校行事を精選し、無用な学校行事については断乎削減すると共に、重要なものに対しては、全校を挙げてその達成を期するように心掛けるべきでありましょう。

21日　ＰＴＡ総会の開催

教頭として心を砕くのは、まずＰＴＡの総会といってよいでしょう。時には校長や教頭自身の転勤などもあり得るわけです。そのうえ、役員の改選などについては、かなりの準備期間を要するでありましょう。とりわけＰＴＡの会長についてその人を得るか否かは、学校の明暗を分かつものといってよいほどです。それ故なるべく避けたいのは、政党関係の人物というわけです。少なくとも現職議員の、ＰＴＡ会長への就任だけは、絶対に避けたいものです。

22日　研究発表会と教頭

校長が教育委員会で、「ひとつ研究発表を引き受けてほしい」といわれた場合、「一おう職員とも相談の上で」と申しあげ、職員の受入れ態勢について検討すべきでありましょう。いよいよ研究発表を引き受けたら、次には研究への組織づくりをしなければなりません。この点に対して教頭としては細心の心づかいを必要とするわけです。今ひとつは経費の問題で、当日来会者に頒布する、㈠研究物と、㈡今一つは、来賓に対する接待費で、極力これを節約する必要がありましょう。

23日 運動会と教頭

運動会は学校としては、一年中における父兄への最大の公開行事といってよいでしょう。随って教頭はその準備についても、大たい五月中に体育主任とその方針について話し合う必要がありましょう。また、プログラム原案の作成を夏休み中にしたいものです。教頭は終始体育主任の背後にあって、準備の完遂に対して、最終的な責任を負わねばなりません。いよいよ運動会の当日は、当日の来賓に心をくばると共に、会場の要所々々について巡視の要があるといえましょう。

24日 卒業式と教頭

卒業式に対する行事計画は、できるだけ早きを要するわけで、なるべく冬休み中に、教頭指導のもと、卒業学年の部員で案を練り、第三学期の始業第一日に職員会を開いて、それに掛けるように心がけるべきであります。卒業式の期日が近づいてくると、やがて「予行演習」の必要があり、卒業生一人一人の返事に始まって、歩き方から礼の仕方など、担任はいうまでもないが、教頭が一定の基準に照らして、各担任を通して、これの指導に当らねばならないわけです。

25日　ＰＴＡと教頭

さてＰＴＡ関係のうち、教頭としてもっとも大事なのは、参観日に対する準備でありましょう。教頭としては、当日一人でも多くの父兄に来てもらう事であり、それがためには、学校全体としての一般的な通知の外、担任名の招待状を出し、当日の授業のあらましと参観の急所を書くように指導する必要がありましょう。参観日には、あとで講演会のある場合は少なくないですが、講師を呼びにゆく前に、聴衆を最前列からキチンとつめて、腰掛けてもらうことでありましょう。

26日　教育委員会との連絡

教頭が教育委員会関係の事柄についで連絡折衝するのは、あくまで校長の代理だということを忘れぬように。なお電話の場合でも、先方に出しゃばるというような印象を与えないように、細心の注意を要することです。校内研究の際に指導主事を招いて、その指導を受ける場合も多いわけですが、先方との連絡折衝についても自ら当らねばならぬ場合もあり、研究授業のあとの批評会の際にも、教頭が司会の役目を請けねばならぬ場合も少なくないでしょう。

27日　来客の応待

個人的な父兄の来訪の際には、程度の差はあれ、いずれも担任教師への不満があるとみてよく、よく相手の訴えを聞いて、あくまで冷静に対処しなければならぬことはもちろんですが、同時に教頭としては、ことさらに担任の弁護をしない代りに、担任をその場へ呼んで、父兄と対決させるようなことは、絶対に避けたいものです。もし学校側に手落ちでもあれば、帰りに先方の自宅を訪ねて釈明し、詫びるべきは素直に詫びるべきでありましょう。

28日　人生観・教育観の確立

教頭として真にその職責を果さんがためには、まず自己の教育的信念を持たねばならぬが、しかしそれが真に「教育観」として、人々の承認が得られるためには、その中軸にその人の人生観がなくてはならぬであろう。しかも人生観が確立せられるためには、さらにその根底に、その人の世界観すらも必要だといえましょう。即ちわれわれの人生観は、その基盤をこの激動する現実の世界を背景として確立せられねばならぬ以上、世界観をも予想せられねばならぬわけです。

29日　指導力を身につけて

教頭として最根本的な本質が「無我」だからといって、単に校長のいうことを、外形的に守っているだけでは足りないわけです。何となれば、教頭は校長の下にあって、直接部下職員の指導に当たるべき重責を負う身だからです。さてその指導力とは、部下職員の研究意欲を盛り立てこれを高揚し、全校を挙げて研究体制にまで盛り上げる力量だといえましょう。ところで、校長の指導力の発揮は、根本的大局的なのに比べ教頭のそれは、直接的かつ具体的といってよいでしょう。

30日　問題児及び非行少年と教頭

教頭は、問題児及び非行少年の指導についても、各担任教師の相談相手となってその指導助言が出来ねばならぬでしょう。かつての同志、徳永康起君の曰くに、学級担任が、問題児について指導したら、必ず教頭が後のしめくくりとして、「たのむよ、ひとつ大いにがんばろう!!」と握手することにしている。その後、廊下等で会うたびに、必ず微笑を投げかけ、「帰ったらおかあさんによろしくネ」と話しかけ、いつもノートを買いこんでおいて、表紙に詩の一篇でも書き手渡す。

十月

人生語録
「心願を内に――」

何を持つか

坂村真民

木は
気を持つ
石は
意志を持つ
あなたは
何を持つか

1日

求道とは、この二度とない人生を如何に生きるか——という根本問題と取り組んで、つねにその回答を希求する人生態度と言ってよい。

☆

幸福とは求めるものでなくて、与えられるもの。自己の為すべきことをした人に対し、天からこの世において与えられるものである。

2日

すべて手持ちのものを最善に生かすことが、人間的叡智の出発といえる。教育ももとより例外ではない。

☆

人間は一生のうち、何処かで一度は徹底して、「名利の念」を断ち切る**修業**をさせられるが良い。

☆

信とは、人生のいかなる逆境も、わが為に神仏から与えられたものとして回避しない生の根本態度をいうのである。

3日

五分の時間を生かせぬ程度の人間に、大したことは出来ぬと考えてよい。

☆

ハガキの活用度のいかんによって、その人の生活の充実さ加減が測定できるといえよう。

☆

一つの学校の教育程度を一ばん手っ取り早く、かつ端的に知るには、子どもたちのクツ箱の前に立って見るがよい。

4日

「人生二度なし」――この根本認識に徹するところ、そこにはじめて叡智は脚下の現実を照らしそめると云ってよい。

☆

生身《なまみ》の師をもつことが、求道の真の出発点です。

☆

自分に対して、心から理解しわかってくれる人が数人あれば、一応この世の至楽というに値しよう。

5日

一切の人間関係のうち夫婦ほど、たがいに我慢の必要な間柄はないと云ってよい。

☆

畏友と呼びうる友をもつことは、人生の至楽の一つといってよい。

☆

人間として最も意義ふかい生活は、各自がそれぞれ分に応じて**報恩と奉仕**の生活に入ることよって開かれる。

6日

優れた**先賢**に学ぶということは、結局それらの人びとの精神を、たとえ極微の一端なりともわが身に体して、日々の実践に生かすことです。

☆

満身総身《そうみ》に、縦横無尽に受けた人生の切り創《きず》を通してつかまれた真理でなければ、真の力とはなり難い。

☆

同志三名を作らずしてその学校を去る資格なし。

7日

人間は一生のうち逢うべき人には必ず逢える。しかも一瞬早過ぎず、一瞬遅すぎない時に――。

☆

書物に書かれた真理を平面的とすれば、「師」を通して学びえた真理は立体的である。

☆

自分を育てるものは、結局自分以外にはない。これ芦田恵之助先生の至言。

8日

すべて最低**絶対基本線の確保**が大事であって、何か一つ、これだけはどうしても守りぬき、やりぬく――という心がけが肝要。

☆

人間は自己に与えられた条件をギリギリまで生かすという事が、人生の生き方の最大最深の秘訣。

☆

人はすべからく**終生の師**をもつべし。

9日

心願をもって貫かねば、いかに才能ありともその人の「一生」は真の結晶には到らぬ。

☆

物事はすべておっくうがってはいかぬ。その為には、先ず体を動かすことを俊敏に——。

☆

人間のシマリは、まず飯食の慎しみから——。次には無駄づかいをしない事。そして最後が異性への慎しみ。

10日

上位者にタテつくことを以って、快とする程度の人間は、とうてい「大器」には成れない。

☆

日常の雑事雑用を、いかに巧みに、要領よくさばいてゆくか——そうした処にも、人間の生き方のかくれた呼吸があるといえよう。

☆

人間下坐の経験のない者は、まだ試験済みの人間とは言えない。

11日

人間が**謙虚**になるための、手近かな、そして着実な道は、まず紙屑をひろうことからでしょう。

☆

多少能力は劣っていても、真剣な人間の方が最後の勝利者となるようです。

☆

われわれ人間は「生」をこの世にうけた以上、それぞれ分に応じて、一つの「**心願**」を抱き、最後のひと呼吸までそれを貫きたいものです。

12日

毀誉ほうへんを越えなければ、一すじの道は貫けない。

☆

一、一度思い立ったら石にしがみついてもやりとげよう。

二、ホンのわずかな事でもよいから、とにかく他人のためにつくす人間になろう。

☆

「**義務を先にして、娯楽を後にする**」たったこの一事だけでも真に守り通せたら、一かどの人間になれよう。

13日

高すぎない**目標**をきめて必ず実行する。ここに「必ず」とは、唯の一度も例外を作らぬ——という心構えをいうのである。

☆

百円の切符が九十八円で買えないことは、五円で買えないのと同じである。もの事は最後の数パーセントで勝敗が決する。

☆

食事をするごとに心中ふかく謝念を抱くは、真人の一特徴というべし。それだけに、かかる人は意外に少ないようである。

14日

息子を一生に三度は叱るか、それとも一生に一度も叱らぬか、父親にはこのような深い心の構えがなくてはなるまい。

☆

わたくしは何も出来ませんが、ただ人さまの偉さと及び難さを感じる点では、あえて人後におちないつもりです。

☆

真理は現実の只中にあって書物の中にはない。

書物は真理への索引《インデックス》ないししおりに過ぎない。

15日

わが身にふりかかる事はすべてこれ**「天意」**――そして天意が何であるかは、すぐには分らぬにしても、噛みしめていれば次第に分かってくるものです。

☆

玄米食は、我われ日本人には**「食」**の**原点**である。それ故玄米食を始めると、かえって味覚が鋭敏になる。

☆

人間はおっくうがる心を刻々に切り捨てねばならぬ。そして齢をとるほどそれが凄まじくならねばならぬ。

16日

如何にささやかな事でもよい。とにかく人間は他人のために尽くすことによって、はじめて自他共に幸せとなる。これだけは確かです。

☆

たった**一枚のハガキ**で、しかもたった一言のコトバで、人を慰めたり励ましたり出来るとしたら、世にこれほど意義のあることは少ないであろう。

17日

幸福とは、縁ある人々との人間関係を噛みしめて、それを深く味わうところに生ずる**感謝の念**に他なるまい。

☆

人を教育するよりも、まず自分自身が、この二度とない人生を如何に生きるかが先決問題で、教育というは、いわばそのおこぼれに過ぎない。

☆

「**随処作主**」とは、どんな境遇の中にあっても、リンリンとして生きてゆける人間になることでしょう。

18日

人間の偉さは万能の多少よりも、己に授かった天分を、生涯かけて出し尽くすか否かにあるといってよい。

☆

足もとの紙クズ一つ拾えぬ程度の人間に何が出来よう。

☆

自分の最も尊敬している**偉人の伝記**は、精しく調べていて、自在に実例が出るようでなければ真の力とはなりにくい。

19日

心の通う人とのいのちの呼応こそ、この世における真の浄福であり、人間にとって**真の生甲斐**といってよかろう。

☆

一、時を守り
二、場を清め
三、礼を正す

これ現実界における**再建の三大原理**にして、いかなる時・処にも当てはまるべし。

20日

人間の智慧とは、

㈠先の見通しがどれだけ利くか
㈡またどれだけ他人の気持ちの察しがつくか
㈢その上何事についても、どれほどバランスを心得ているか

という事でしょう。

☆

母が身につけるべき四つの大事なこと

㈠子供のしつけ　㈡家計のしまり
㈢料理、そして　㈣清掃と整頓

21日

世の中には、いかに多くのすぐれた人がいることか——それが分りかけて、その人の学問もようやく現実に根ざし染めたと云えよう。

☆

自分より遙かに下位の者にも、**敬意**を失わざるにいたって、初めて人間も一人前となる。

☆

尊敬する人が無くなった時、その人の進歩は止まる。

22日

真理は感動を通してのみ授受せられる。だがそれには、教師自身の生きた真理に体する感動こそ、その根源といえよう。

☆

一体どうしたら思索と行動のバランスがとれるか。

(一) 物事をするのをおっくうがらぬこと。

(二) つねに物事の全体を見渡す知慧を。

(三) 物事の本質的順序を誤らぬこと。

これらを総括して**行動的叡智**という。

23日

男は無限の前進に賭《か》けるところがなければならぬ。女は耐えに耐えつつ貫き返すことが大切。

☆

親への孝養とは、単に自分を生んでくれた一人の親を大切にするだけでなく、親への奉仕を通して、実は宇宙の根本生命に帰一することに外ならない。

☆

人間は真に**覚悟**を決めたら、そこから新しい智慧が湧いて、八方塞がりのところから一道の血路が開けてくるものです。

24日

師は居ながらにして与えられるものではない。「求めよ、されば与えられん」というキリストの言葉は、この場合最深の真理性をもつ。

☆

人間は他との比較をやめて、ひたすら自己の**職務**に専念すれば、おのずからそこに一小天地が開かれて来るものです。

☆

人間の甘さとは、自分を実際以上に買いかぶることであり、他人の真価も、正当に評価できないということです。

25日

人生を真剣に生きるためには、できるだけ**一生の見通し**を立てることが大切です。いっぱしの人間になろうとしたら、少なくとも十年先の見通しをつけて生きるのでなければ、結局は平々凡々に終わると見てよい。

☆

真に生き甲斐のある人生の生き方とは、つねに自己に与えられているマイナス面を、プラスに反転させて生きることである。

26日

我われ一人びとりの生命は、絶大なる**宇宙生命**の極微の一分身といってよい。

☆

神はこの大宇宙をあらしめ、かつそれを統一している**無限絶大な力**ともいえる。同様にそれは、このわたくしという一人の愚かな人間をも見捨て給わず、日夜その全存在を支えて下さる絶大な「大生命」である。

☆

けふひと日いのち生きけるよろこびを
夜半にしておもふ独り起きゐて

27日

人間の**精神的弾力**というものは、書物と取り組む力によって鍛えられるようです。同時に人間のたしなみは、言葉を慎むところから始まるもののようです。

☆

人間を知ることは現実を知ることのツボである。わたくしが人間に関して限りなき関心をもつのは、生きた人間こそ無量な「**真理の束**《たば》」だからである。

28日

すべて**一芸一能**に身を入れるものは、その道に浸りきらねばならぬ。躰中の全細胞が、画なら画、短歌なら短歌にむかって、同一方向に整列するほどでなければなるまい。

☆

人間何事もまず**十年の辛抱**が肝要。そしてその間抜くべからず、奪うべからざるは基礎工事なり。されば黙々十年の努力によりて、一おう事は成るというべし。

29日

人は他を批判する前に、まず自分としての対策がなければならぬ。しかも対策には何よりもまず**着手点を明示する**を要する。この程度の心の用意なきものは、他を批判する資格なしというべし。

☆

学問や思想の世界においてさえ、真に自分の眼で物を見、自己の頭でその真偽・優劣を判断せずに、広義の世評を基準としてしか物の判断のできない人が多いということは、真に嘆かはしい極みである。

30日

一眼は遠く歴史の彼方《かなた》へ
そして一眼は脚下の実践へ

☆

日本民族の使命は、将来の東西文化の融合に対して、いわばその縮図的原型を提供する処にあるであろう。

☆

「物質的に繁栄すると、とかく人間の心はゆるむ。」これまた「**宇宙の大法**」の一顕現であり実証である。

31日

みいのちに触《ふ》りせざりせばおぞの身の
いのち如何にか生きむとやせし

☆

これの世に幽《かそ》けきいのち賜《た》だたまひし
大きみいのちをつね仰ぐなり

☆

たらちねの親のみいのちわが内に
生きますと思ふ畏《かしこ》きろかも

☆

巨《おほ》いなる時めぐりくるを感じつつ
若き人らに寄する思ひを

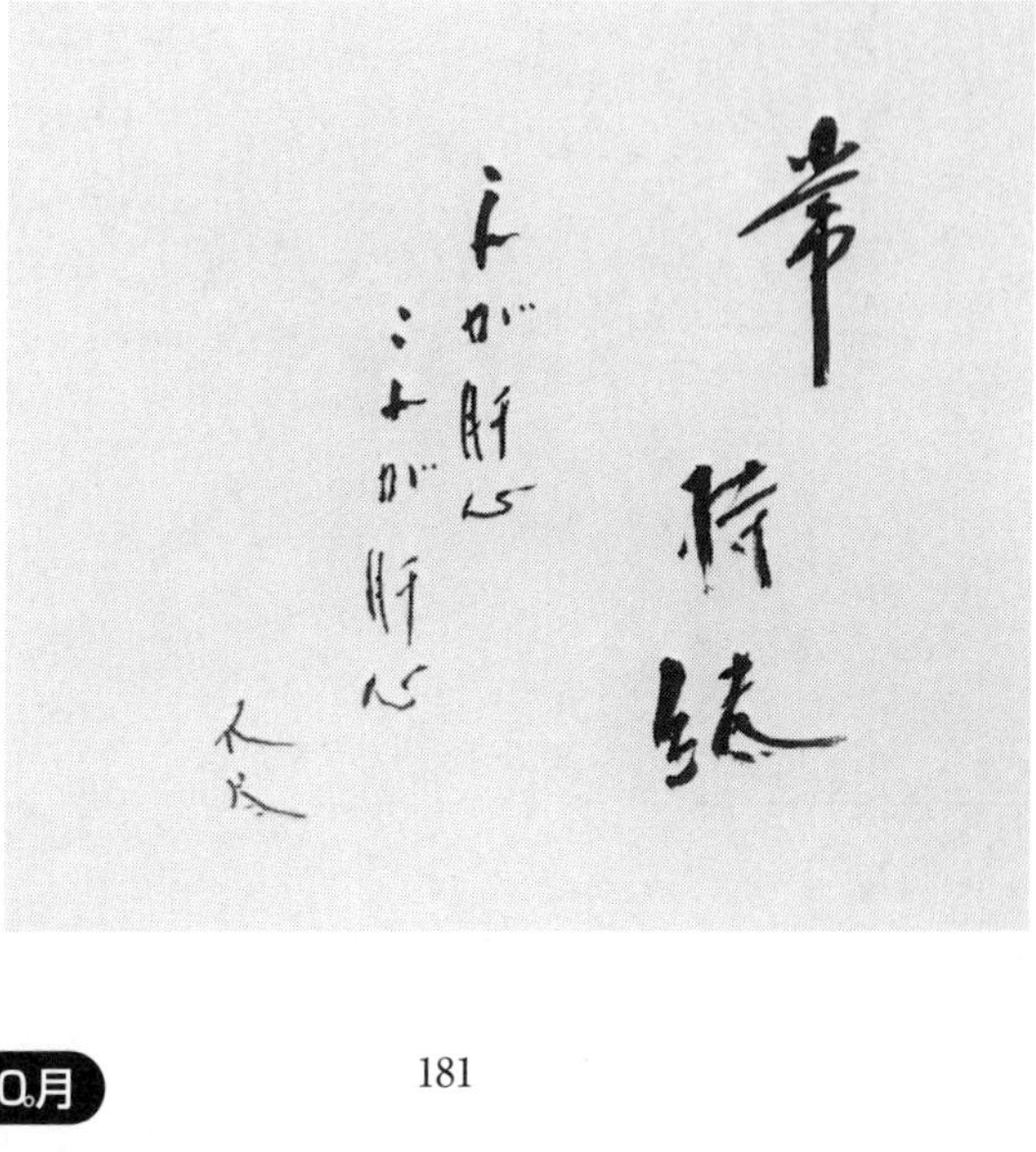

常持続
これが肝心　これが肝心　不尽

教師としての一生《ひとよ》の勤めここにして
竟《つ》ひに果てなむ君が運命《さだめ》かや

○

栄進の道を擲《なげう》ち山峡《やまかひ》の
この里の子らと八歳《やとせ》をぞへし

○

山椒の小粒にも似てこれの子ら
きびきびとして君にかも似る

十一月

教育語録
「共に育ちましょう」(一)

なやめるS子に

坂村真民

だまされてよくなり
　悪くなってしまっては駄目
いじめられてよくなり
　いじけてしまっては駄目
ふまれておきあがり
　倒れてしまっては駄目
いつも心は燃えていよう
　消えてしまっては駄目
いつも瞳は澄んでいよう
　濁《にご》ってしまっては駄目

1日

教育者の道

教育とは人生の生き方のタネ蒔きをすることである

☆

教育とは流水に文字を書くように果《はか》ない業である。だがそれを厳壁に刻むような真剣さで取り組まねばならぬ。

☆

真の教育は、何よりも先ず教師自身が、自己の「心願」を立てることから始まる。

2日

真の教育者にあっては、一眼はつねに民族の行く手を見、同時に他の一眼は、自己の眼前に居ならぶ子らのいとけなき魂への洞察に向けられねばならぬ。

☆

日本の将来は、真の意味における「教育革命」の外ないであろう。

☆

ニイルは、教育的解放の天才といえるが、これに対して規制の原理の天才はマカレンコであろう。

3日

解放の原理と、規制の原理は、新たな教育の二大原理というべく、共に生命の本質の両面として、生命そのものに属すると言わねばなるまい。

☆

学習指導の徹底しない根本原因の一つは、教師が各教科を一年より六年まで、系統的に把握するに至っていないこと、随って自分が現在うけもっている学年の教科課程が、それらの全体系の中にあって、いかなる位相を占めているかに関して、透徹した把握を欠くところにある。

4日

教育の道にたずさわる者としては、一人一人の子らに対する愛情と共に、そこには更に民族そのものへの深大なる愛がなければならぬ。

☆

真の教育愛は、たんに相手を愛して、丹念に教え育てるというだけに尽きるものではない。そこにはその根底に、さらに相手の可能的運命にたいする顧念ともいうべきものが、常にウラづけていなければなるまい。

5日

しつけは身・心一如の動作という意味において、道徳教育における真の現実的基盤を形成するといってよい。

☆

しつけをおろそかにしておいて、如何に集団討議に火花を散らしてみたとて、それで実行の「保証」が得られるものではない。

☆

道徳教育は、まずしつけから入らねばならない。

6日

学校のしつけは、まず靴箱のクツの踵《かかと》をキチンと揃えさすことから始まる。このしつけ一つが出来たら、全校にひとつの筋金が通り出すといってよかろう。

☆

新入一年の子らには、必ず㈠毎朝親にあいさつをさせるように、㈡また親に呼ばれたら、必ず「ハイ」とはっきり返事をするように教え、親と協力してその徹底を期すべきである。

7日

教師としての「三大実践規律」

一、毎朝子どもたちに出逢ったら、まず呼び水として、教師の方から先きにあいさつをする。

一、昼食は、必らず子どもたちと一しょにする。

一、掃除も子らと一しょにしながら、掃除の仕方を教える。

☆

若い人々は、最初の三年間は、研究授業とか批評授業と呼ばれる行事は、自ら進んで買って出るように——。

8日

われわれ教師の場合、読書の習慣の八割前後までは、卒業後の三年からせいぜい五年間に決まるといってよかろう。

☆

もし同じ職場の中で、たがいに心の通うような同性の同志を見出すことが出来たとしたら、それはこの世における最大の恵みの一つとして、心から感謝しなければなるまい。

9日

読書の秘訣は、自分がどうしても読みたくて読みたくてたまらぬ、という書物を探し出して、それを一気に読み抜く外あるまい。

☆

良書の選択法――まず最初にどこか二、三ケ所開いてみて、一ページに一ケ所心にひびくコトバにぶつからないような書物は、いかに評判な書物でも、少なくとも自己にとっては、「無縁の書」と決めても、大して間違いはあるまい。

10日

われわれ教師にとっては、日々教え子たちの作文を見ることが出来るということは、いわば「生命の花園」の内部にもぐり込む蜜蜂のようだともいえよう。

☆

子どもの作文に対して、いかほど関心をもつか否かということが、結局はその人の教師としてのバロメーターといってよいであろう。

11日

教師は他面その事務処理が巧みでなければなるまい。そしてその第一の秘訣としては、拙速主義が大切。すなわち八十点程度の出来映えでよいから、とにかく期日を厳守することである。

☆

教師は奉職後、三年辺の処が一つの危機といえよう。もしこの辺でしっかり軌道に乗らないと、この二度とない人生を、せっかく教師になりながら、真に生き甲斐のある人生にすることはむつかしいと言えよう。

12日

教師生活における難関を突破するにあたり、最大の力となるものは、「終生の師」ともいうべき一人の巨人に廻ぐり逢い、その巨大な魂の触発によって、自己の内部に眠っている生命の根源的エネルギーを呼び覚まされることだといえよう。

☆

一つの学校で、自分と教育上の考え方を同じうする同僚が三人できたとしたら、それは必ずや成就するに違いない。

13日

板書の秘訣は、「丁寧」ということである。この点は、故芦田恵之助先生の流れを汲む人びとの板書が何故に見事なのかを、参観させて頂く他ないであろう。

☆

教師は毎時間、最低一度は机間巡視をして、自分の板書に対する自己点検を行わねばなるまい。

☆

挙手の要領は三つ。㈠まず五本の指がピタリとそろい、㈡腕を垂直に挙げそして㈢俊敏に!!

14日

芦田先生の「七変化の教式」は、国語教授に関する教式であるが、実はその他の教科についても、同様にそれぞれ教式の「型」ともいうべきものが樹立せられる要があるであろう。

☆

教師も一人の人間である以上、色いろと人間的苦悩は免れないが、それらを、むしろ自己の負うべき人生の重荷として、正面からまともに受け止めてゆくことこそ、苦悩に対処する最も正しく、かつ本格的な態度といえるであろう。

15日

教師は、単に教えている間だけが教育だというような狭小な考えを脱しなければならぬ。否、われわれが直接に教えている期間は、むしろ真の教育への種子蒔きの時期というべく、真の生きた教育は、むしろ卒業後の指導であろう。

☆

卒業生からの年賀状は、すべての年賀状のうち、最も貴重なものだといわねばなるまい。

16日

この二度とない人生を、いやしくも教師として生きる以上、何人も一度は「特殊学級」を担任するがよい。また教育委員会などでも、それを以って管理職への不可欠な一条件とするよう希わずにはいられない。

☆

現在何らかの意味で家庭苦を背負っている人は、それにひしがれないで、自己に課せられた人生の重荷を背負いながら、敢然として自らの一道を前進せられるよう切望せずにはいられません。

17日

一校主宰者として

いやしくも人に長たる者は、孤独寂寥に堪え得ねばならぬ

☆

校長として大事なことの一つは、一人びとりの部下を導き育てると共に、さらに世間的にも栄進の道へ推し進めることを心がけることである。

18日

校長室は、その校長の学校経営の縮図である——という時、現在、校長をしている人々のうち、果して如何ほどの人が、これを実践的に肯《うけ》がわれるであろうか。

☆

校長机というものは、やや小さ目の方が良い。大き過ぎると、来客に威圧がましい感じを与えるからである。

☆

校長机が大き過ぎたら、それは教頭にゆずって、自分は小さな教頭机と取り替えるくらいの校長でありたい。

19日

校長というものは、時には来客の椅子にかけてみる必要があろう。それというのも校長室の物の位置は、元来来賓の立場を基準として考えるべきだからである。

☆

校長室で校長が、悠々と新聞を読んでいる図は芳ばしくない。これほど部下の志気を弛緩させる所業はないとも言えよう。

20日

校長の人物とその覚悟いかんが、その学校の教育を左右するとは、絶対に争われぬ真理だといってよい。

☆

一校主宰の重責が真に骨身に沁みてわかっていたら、校長になったことを喜んでなどいられるはずはない。

☆

子どもたちのクツの踵を揃えることくらいは、誰一人も他人《ひと》に言わずに、黙々と自分一人でやり通せるくらいの覚悟がなくて、一たい何が出来るといえようか。

21日

全校朝会などで、「まだ朝のあいさつが良くないから、みんなしっかりやるように――」などと間抜けたお説教をくり返している程度の校長に、一たい何が出来るというのであろうか。

☆

朝のあいさつや、子どものクツの踵、それに職員便所のハキモノくらいは、それこそ一語を用いず、校長一人の黙々たる日々の実践によって出来ねばならぬ事柄である。

22日

校長は、毎日三回、全校を巡るがよい。第一回は始業後直ちに開始。

☆

第二回は、午後の第一時限の始まる十分前に校長室を出、運動場に立って子どもたちの遊びの様子をながめた後、建物以外の場処を見て廻る。

☆

第三回目は、退校直前に、全校の廊下や教室の戸じまりの具合等々。一巡して了った上で、おもむろに辞去する。

23日

校長はできるだけ学校にいて、外へはなるべく出かけぬこと。この一事だけでも真に心したら、学校はおのづと引き締まってくる。

☆

校長は卒業学年の子どもとは、一度に五人ぐらいづつ食事を共にするが良い。それは子どもたちにとって、おそらく終生の思い出となるであろう。

24日

校長は、出来るだけ子どもの作文や日記を読む必要がある。しかし、それには全部はとても困難ゆえ、先生たちに、組で一・二名程度を出して貰うことにするがよかろう。

☆

教育とは人間の生き方のタネ蒔きをすることがその根本使命である以上、教師その人は、何よりもまず自分自身が人生の一探求者でなければならぬ。

25日

校長たる者は、つねに若い教師たちと、人間的な親しさにおいて接触することを怠らぬと共に、さらに一歩を進めて、そうした若い教師たちの読んでいる書物を、時にこちらが借りて読む——という程度の心の柔さと求知心が望ましい。

☆

修学旅行中に、引率教師が酒を飲むということは、厳に慎しむようにしたい。

26日

校長として宴会で心がけたいことの一つは、宴会の席では、職員に対して説教めいたことは勿論、注文がましい事など一切言わぬということでしょう。

☆

全校朝会における校長の話は、特別の場合以外は、なるべく控えた方がよかろう。

☆

また毎日の職員朝会についても、校長自身は、その要ありと認めた場合に限り話すというようにした方がよい。

27日

校長は朝会の後で全校を一巡すると共に、さらにそれに引きつづき、「朝のうち一時間の読書」を提唱したい。そしてその場所は校長室以外が望ましく、しかもその場所は、少くとも教頭には熟知させておく必要があろう。

☆

校長は、校庭の樹木などに取り組むことによって、人間的に磨かれるものである。従って、校長としては、誰か一人、人柄の立派な頭の冴えた庭師と、個人的にも親しくするが賢明であろう。

28日

校長も来訪客のない場合は、時には補欠授業に出かけることが望ましく、同時にこれは校長が、子どもたちから浮き上らぬための最上の秘訣といってよかろう。

☆

いやしくも校長職にある人は職を退く一、二年前に、最低一冊の書物を刊行することによって、公生涯の〆括りとしたいものです。

29日

「自伝」または「実践記録」の刊行時期は、退職前一年ないし半年の頃が適当かと思われる。随ってそれへの準備は、最低三年くらい前から取りかかる必要があろう。

☆

いよいよ退職となったら、校長も何か記念品の一つぐらいは、その学校に寄附するぐらいな心がけがなくては困る。いたいけな子どもたちでさえ、「卒業記念」の名によって、半ば強制的に寄付をさせる例もあるようですから――。

30日

人間は、退職後の生き方こそ、その人の真価だといってよい。退職後は、在職中の三倍ないし五倍の緊張をもって、晩年の人生と真剣に取り組まねばならぬ。

☆

㈠　退職後は、一日に最低三枚以上のハガキを書くこと。

㈡　退職と同時に「一人雑誌」を始めること。

㈢　月一回の有志との読書会を開き、退職後も、時には泊りがけの研修会にも出かけるように――。

十二月

教育語録「共に育ちましょう」(二)

限りなきいのちのひとを

坂村真民

限りある
いのちを持ちて
限りなき
いのちのひとを
恋いたてまつる
いきとし生けるもの
いつの日か終りあり
されど終りなきひと
いますなれば
一日のうれしかりけり
一世のたのしかりけり

1日

家庭教育

わが子の家庭教育は、まず朝のあいさつから——。そしてその口開きは、当分まず親の方から——。

☆

「腰骨を立てる」という一事を、わが子にしつけ得たとしたら、親として存しうる最高最大の贈り物といえよう。

2日

母親は、単なる家族の一員でなくて、まさに家庭の「太陽」である。

☆

新入児をもつ親御さんへ——。

新入学のお子さんというものは、非常に疲れやすいものです。

1、学用品を、夜のうちに取りそろえておくこと。

2、エンピツは毎晩かならず削ってやること。

そしてその本数までも一定して変えないこと（五本ぐらい）。

3日

しつけの三大原則

㈠ 朝必ず親にあいさつのできる子に――。それには当分の間は母親の方から呼び水を出すこと。

㈡ 両親や祖父母から呼ばれたら、必ず「ハイ」とはっきり返事のできる子に――。それには母親自身が、主人に呼ばれたら、必ず「ハイ」と返事をすること。

㈢ ハキモノを脱いだら、必ずそろえ、席を立ったら、必ずイスを入れる子にすること。

4日

「しつけ」の時期は、幼稚園に入る前頃から始めて、遅くとも小学入学前までに、以上三つの根本的なしつけを完了しなければならぬ。おそらく一ケ月から最大一〇〇日前後ですむでしょう。

☆

しつけは、お説教では出来ない――これが根本原則。かつしつけの根本責任者は母親であり、母親自身の実行以外にない。

5日

母親は、毎朝主人を初め家中の者に向って、心から爽かに朝のあいさつをすること、これがしつけの根本第一条です。

☆

次には母親自身が、主人に呼ばれたら必ずきっぱり「ハイ」と返事をすること——。もしこの一事が徹底的に行えたら、もうそれだけで子どもは、一おう親のいうことを聞く子になりましょう。

6日

第三のしつけ「ハキモノを脱いだら、必ずそろえ、席を立ったら必ずイスを入れる」——このしつけは、わが子を人としてしまりのある人間にする秘訣であると共に、金銭に対してもしまりのある人間にする極秘伝です。

☆

子どもの家庭学習について——。

一、二年の子どもには、国語読本を朗々と、自信をもって読めるようにすること。

7日

次に小学の二・三・四年という三ケ年間の算数は、一つも解らぬ問題をなくする。親はわが子が二年生になったら一しょに勉強して、四年の三月までは、毎日必らず勉強の相手になってやること。

☆

小学五、六年については、子どもから尋ねられたら、そして母親が教え得たら、教えても良いが、子どもから尋ねられないのに、親の方から教えるのは、子どもの将来のためには考えもの。

8日

中学生および高校生の勉強に対して、母親としてとるべき態度

(一) わが子に対して、「勉強しなさい!!」と口ぐせのようにいうことは、首がちぎれても言わぬという決心。

(二) しかし、それだけでは勉強しないから、いやしくもわが子が机に向っているのを見たら、必ず日に一度はホメてやること。

☆

「わが子の教育には、母親は絶大な忍耐心がいる」

9日

母親としてわが子に与えねばならぬ「心の養分」とは、

㈠ やさしくて温かいコトバ――人の子は、母親のやさしく温かいコトバによって、その魂は日々すくすくと伸び育ってゆくものだからです。

㈡ ニコやかな笑顔。母親の笑顔ほど、この世で美しくも懐かしいものはないからです。

㈢ つねに何事かを「念じるこころ」。「願わくばわが子が、このような人になって欲しい」とつねに念ずること。

10日

家庭教育上もっとも心すべきは、恐らくは「テレビ問題」といってよい。

㈠ 幼児は、テレビには絶対に近づけないこと。

㈡ 一日に子供番組ひとつでせいぜい三十分くらいがよい。

㈢ テレビは、宿題のすむまでは見ないような子に――。

㈣ ゼッタイに寝ころんで見ないこと。

㈤ 「週に一日、全家族がテレビを見ない日」が作れたら流石といって良かろう。

11日

立腰教育

人間教育の最大眼目は、教師自身が二六時中腰骨をたて通すこと。同時に教え子たちに、そのタネ蒔きをすること。

☆

一級・一校の再建は、まず朝のあいさつから――次に、全校生のクツのかかとが揃い出したら、教育は一おう軌道に乗ったと見てよい。そして教師が紙屑を拾い出したら、本格的な軌道に乗りかけたといってよい。

12日

われわれ人間が身・心相即的存在だということからして、われわれ自身が自らの主体性を確立するためには、何よりもまず、腰骨を確立することから始めねばならぬ。

☆

近時、自然科学的文明の過度の発達により、われわれ人間の主体的な自己統一が乱されて、精神的疾患が激増しつつある。だが、これに対する最根本的対策は、結局、この「腰骨を立てる」一事の外ないわけである。

13日

われわれ人間は、お互に身心相即的存在ゆえ、子どもたちの性根を確かなものにしようと思えば、まず身体から押えてかからねばならぬ。

☆

意識は瞬時に転変するものゆえ、真の持続性を養うには、どうしても身体から押えてかかる外ない。

☆

ところが体の中で一ばん動かぬ処は、結局下半身であり、しかも下半身の中心こそ実に腰骨に外ならない。

14日

腰骨を立てることによって、われわれ人間は、自らの主体性を確立しうると共に、さらにその持続的実践力の根源たる意志力をも鍛錬しうるのである。

☆

「腰骨をたてる教育」は、単なる思いつきでは断じてなく、わたくしという一人の人間が、その生涯を賭けて実証してきた最具体的真理である。否、われわれ東洋人が、四十年の永い文化の歴史を通して実証してきた真理である。

15日

「腰骨を立てる教育」の成否の一点は何かというに、それは結局教師その人が、自らこれと取り組んで、その真理性を身をもって認識し、身根に徹して体認する外ないであろう。

☆

「腰骨を立てる」には

㈠ お尻を思いきり後につき出すこと
㈡ 反対に腰骨をウンと前へ突き出す
㈢ そして下腹に力を入れると、肩のキバリがスカッととれる——この要領です。

16日

人から「子供の教育上、何が一番大事ですか」と尋ねられたら、わたくしは一瞬の遅疑もなく、「それは常に腰骨を立てる人間にすることです」と答えましょう。

☆

この「立腰」をわが子に躾《しつ》けることが出来たとしたら、これこそ親として、わが子への最大遺産といえましょう。しかしそれだけにまた容易ならぬことです。

17日

腰骨を立てることによって、自己分裂を防ぐことが出来ます。いま一つ、自分の能力の限界を知ることができ、無茶な計画を立てなくなります。

☆

古来修業には坐と歩の二途があります。そのいずれの道においても一貫するものは「立腰」です。そして究極するところは坐・歩一如です。

☆

「立腰」の究極は、丹田常充実にあり。丹田こそは気のエネルギーの根元。

18日

立腰によって自己の主体を保ちつつ㈠布施㈡愛語㈢耐忍㈣下坐㈤奉仕の実践行こそのぞましく、これこそ「情念浄化」の道にほかならない。

☆

「心願」とは、人が内奥ふかく秘められている「願い」であり、如何なる方向にむかってこの自己を捧げるべきか――献身の方向をつかんだ人の心的状態といってよい。

19日

生涯教育

生涯教育とは、二度とないこの世に生をうけたからには、最後の一呼吸に到るまで道を求めて止まぬ——という人間的態度の確立をいう。

☆

人間、師を持つべき必要は、先達なくしては道を踏み違《たが》え、この二度とない人生をも、ついに有耶無耶《うやむや》のうちに果てる恐れが多いからである。

20日

最上の師のその最愛の弟子に対する態度は、「褒めもせず叱りもせず」という絶対的態度に終始する。けだし褒めるとか叱るとかは、すでに相対に堕するがゆえである。だがかような真師は、今やほとんど絶無といってよいであろう。

☆

人は真の正師に接すれば、生涯歩まずにいられぬようになるものなり。それゆえ人はかかる「正師」を、草を分けても探し求むべし。人生の意義というも、ついにこの一事の外なかるべし。

21日

人間も真に逆境のドン底ともいうべき期間は、概して短きものなり。大ていの場合は、正味三年と心得てほぼ間違いなからむ。十年もたてば、凡ては一変するものなり。順逆一如。

☆

人生は唯一一回のマラソン競走といってよい。だから途中でくたばっては駄目。そして「死」が決勝点ゆえ、「死」が見え出したらひた走りに突っ走らねばならぬ。

22日

「出世」を、人生の目的にしている者を「出世乞食」という。そういう人に、人間としての味のあるはずがない。いわんや頭が下るというにおいておや。

☆

真の教育者にはハガキ活用の名人が多い。何となれば、それだけ人間を生かすことをよく心得ているからである。五分あったら何枚のハガキが書けるか、あらかじめ自己の力を点検しておく必要があろう。

23日

悟りとは、他人を羨まぬ境涯ともいえよう。それゆえ悟りの境涯は、古来円相で現わす。飛び出した処もなければ、ひっこんだ処もない。即ち人を羨みもしなければ、人に乗ぜられる隙間もないわけで、これはまた達人の境といってよかろう。

☆

人間の基礎は、その人の実力に比して、やや低目の地位に置かれた時期に形成せられるようである。随って真の人物になるには、その期間が長いほどよい。

24日

夫婦の仲というものは、良きにつけ悪しきにつけ、お互いに「業」を果たすために結ばれたといえよう。そしてこの点に心の腰がすわるまでは、夫婦間の動揺は止まぬと見てよい。

☆

夫婦のうち人間としてヱライほうが、相手をコトバによって直そうとしないで、相手の不完全さをそのまま黙って背負ってゆく。夫婦関係というものは、結局どちらかが、こうした心の態度を確立する外ないようです。

25日

「円心があって円周なし」——そしてみな自主独立にして出入自在。今後は無数のコンミューンが生まれねばならぬが、この様な円の中心者たちが、互いに手を取り合う「開かれたコンミューン」でなければなるまい。

☆

一、「開かれたコンミューン」づくり

と

一、玄米自然食の実行

これ今日激動する時代に対処する二つの自己防衛策といってよかろう。

26日

人は学窓生活のどこかで、ある時期、男性はあくまで男らしく、女性はあくまで女らしく——という鍛錬を施す必要がある。そしてそれには、中学の二、三年から高校時代が良かろう。

☆

従って高等学校では、男女別学の方が良かろう。それは性的過誤云々というより、男女をたやすく近づけては、生命の緊張感が弛むからである。そして、青年男女の生命力が弛緩すると、民族生命の振幅が狭小浅薄となるが故である。

27日

わたくしの提唱する「**午前五時間制**」というものは、始業時間を少々くり上げると共に、昼食時間を零時半くらいまで引き下げることによって、五時間の授業を昼飯前にすませてしまうというやり方である。

そして午後の一時間は、子どもたちの自発的な復習または予習に当てさすと共に教師はその間に、その日の事務的な用事をすませて、残りの時間は、これを教材研究に当てようというわけである。

28日

わたくしが、わが国の教育界に対して、「**午前五時間制**」の問題を提唱した主な理由は、教師の側においては、いかにして研修、ないしは教材研究の時間を生み出すかの問題からであり、また子どもたちの側では、いかにして復習、ないしは予習の時間を生み出さすか、という教育界における二大根本問題に対して、いわば制度的な観点から、これの根本解決を計ろうと試みたわけである。

29日

「自伝」執筆のすすめ

㈠ 子孫に血を伝えた責任上、わが生涯のあらましは、少なくとも孫までは分るようにする義務があろう。

㈡ 人は「自伝」を書くことによって、いかに多くの方々のお世話によって今日の自分があり得たかが分る点から、「自伝」は一種の「報恩録」といってよい。

㈢ さらに後に来る人々のために、多少の枝折《しお》りにもなればと念じて。

30日

われわれは、何をもって同志としての共通的な実践ケ条と考えたらよいであろうか。

㈠ 「人生二度なし」と念じて、つねに腰骨を立てること。

㈡ ハガキ活用の練達者になること。

㈢ 「一日不読一日不喰」をモットーとして堅持すること。

㈣ なるべく「一人雑誌」又は「ハガキ通信」を出すこと。

㈤ つねに下坐行を怠らぬこと。そしてそれにはまず、紙クズ拾いから——。

31日

今後の教育目標として
「望ましい人間像」の五大条件
第一、自分一人で判断のできる人間に
第二、人々と協調のできる人間に
第三、実践的な人間に
第四、つねに国家社会と民族の運命について考える人間に
第五、さらに世界人類の将来についても思念する人間に

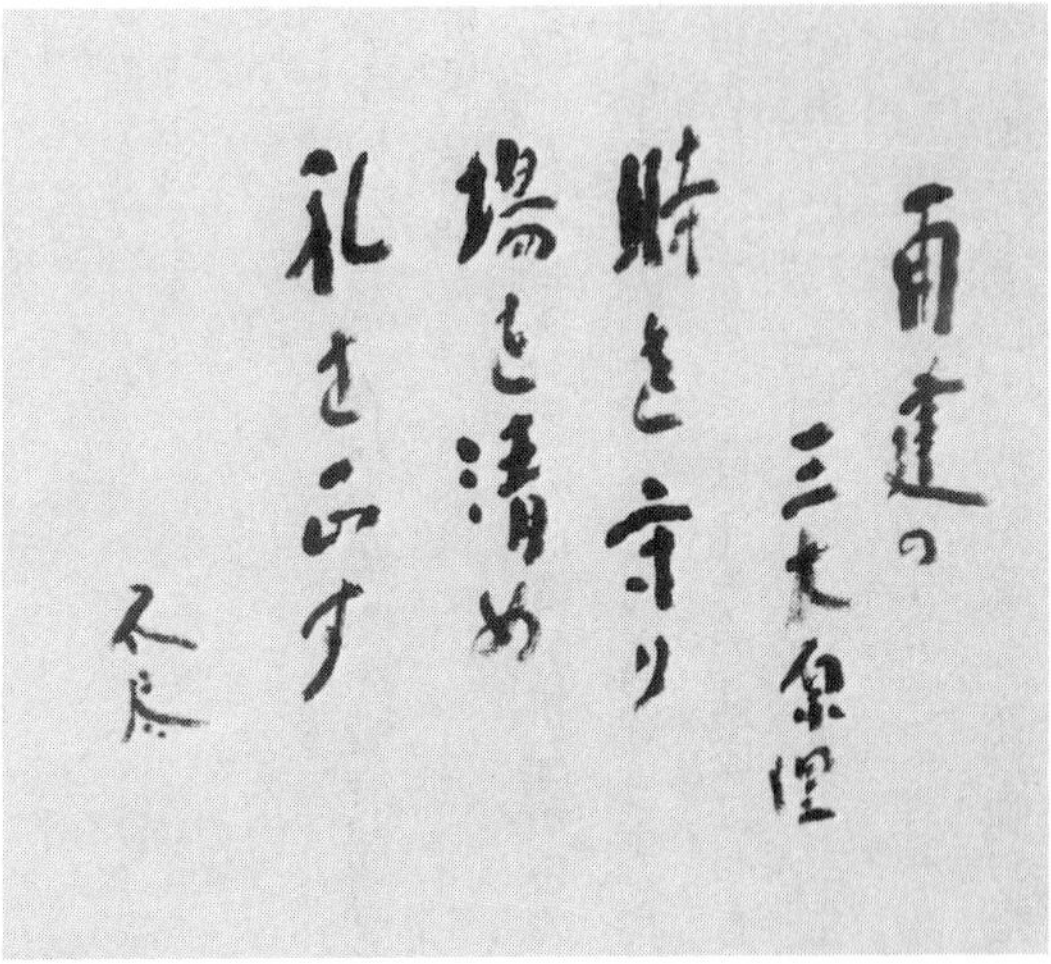

再建の三大原理
時を守り・場を清め・礼を正す　不尽

おわりに

去る九月中旬のころ、突然藤尾社長よりお電話をいただき、森信三先生の教育語録を、「一日一語」の形式で、編集発行のご依頼を受けました。

日ごろから、日本青少年の健全育成を願う者の一人として、この危機的状況からの打開策は、一にかかって、森信三先生の教育と実践によるほかないと信じております私は、「ハイよろこんで」と一も二もなく、快諾いたしました。そこで早速その構成につき思案を重ねました処、直ちに思い浮んだのは、「全集」に掲載せられております、『生を教育に求めて』の全五巻にわたる叢書であります。即ち「教育者の生涯」・「理想の小学教師像」・「理想の中学教師像」・「学校を生かし動かす者」・「教頭論・女教師のために」の全五巻ものです。それを精選し、その内から順序正しく抄録構成の名案に辿りつきました。「一日一語」の形式ですから、字数制限があり、一時難航しましたが、森信三先生の教育的信念と情熱に、大いなる波動をうけまして、ようやくここに完結できましたことは、幸甚の至りであります。

本書の「はじめに」に申上げましたように、全国にわたる教育行脚の旅を、多年にわたり挺身せられた先生にしてはじめて述べることのできる教育実践の真理とその方法論であります。まさに、学校立て直しのコツというか、「教育者の生涯」に対する限りなき大愛というか、その極秘伝の公開ともいうべき、珠玉の数々を開陳し公開いただいております。それゆえ、内容的には、「人生論的教師論」とも言うべきものと、ご理解をたまわりたいと思います。随いまして、全国あまたある学校教育にたずさわる方は申すに及ばず、他の職業に従事なされる方々にも感動をもってお読み頂けるものと信じております。なお末尾の「教育語録」（11月・12月分）は、「人生語録」（10月分）と共にぜひお読みいただきたいものと願っております。

末筆ながら、森信三先生の思想と実践に限りなきご認識と敬順を示される致知出版社社長の藤尾秀昭氏に御礼を申上げ末尾の言葉といたします。

平成十七年十二月十日

不尽叢書刊行会

代表　寺田一清

・一代《ひとよ》かけ歩みたまひしこの道や師の胸中をおもへば泣かゆ

・かつて師は夜行列車にゆられつつ教育行脚の旅から旅へ

・教育にいそしむ人の身を思ひ生を思ひて書きつぎて師は

・山間の僻地にありていそしめる同志の真実《まこと》わすれたまわじ

・まなかひに負籠《おひこ》せおへる師の姿いまも眼に見ゆひたすらの道

●森　信三先生・略歴

明治29年9月23日、愛知県知多郡武豊町に端山家の三男として生誕。両親不縁にして、3歳の時、半田市岩滑《やなべ》町の森家に養子として入籍。半田小学校高等科を経て名古屋第一師範に入学。その後、小学校教師を経てより、広島高等師範に入学。在学中、生涯の師西晋一郎先生に邂逅。のち京都大学哲学科に進学、西田幾多郎先生の講筵に侍る。大学院を経て、天王寺師範の専任教諭となり、師範本科生の修身科を担当。のち旧満洲の建国大学教授(44)に赴任。50歳にして敗戦。九死に一生を得て翌年帰国。幾多の辛酸を経て、58歳神戸大学教育学部教授に就任。65歳をもって退官。70歳にしてかねて念願の『全集』25巻の出版刊行に着手。同時に海星女子学院大学教授に迎えらる。

77歳長男の急逝を機に、尼崎市立花町にて独居自炊の生活に入る。80歳にして『全一学』五部作の執筆に没頭。86歳脳血栓のため入院。88歳より神戸の三男宅にて療養。89歳にして『続全集』8巻の完結。97歳、平成4年11月21日逝去せらる。

装幀——川上成夫

〈編者略歴〉

寺田一清（てらだ・いっせい）

昭和２年大阪府生まれ。旧制岸和田中学を卒業。東亜外事専門学校に進むも病気のため中退。以後、家業（呉服商）に従事。昭和40年以来、森信三氏に師事し、著作の編集発行を担当する。社団法人「実践人の家」元常務理事。不尽叢書刊行会代表。編著書に『心願に生きる――森信三先生の人と実践』『鍵山秀三郎語録』『心魂にひびく言葉　森信三語録』『石田梅岩に学ぶ』『森信三　一語千鈞』『西晋一郎語録　人倫の道』『姿勢を正し声を出して読む　素読読本「修身教授録」抄』『森信三先生随聞記』（いずれも致知出版社刊）などがある。

森信三 教師のための一日一語

平成十八年二月八日第一刷発行
平成二十七年一月十日第三刷発行
著　者　森　信三
編　者　寺田　一清
発行者　藤尾　秀昭
発行所　致知出版社
〒107-0062東京都港区南青山六の一の二十三
TEL（〇三）三四〇九―五六三一
印刷　㈱ディグ　製本　難波製本

ISBN978-4-88474-736-7 C0037

ホームページ　http://www.chichi-book.com
Eメール　books@chichi.co.jp